Timo Stein

Zwischen Antisemitismus und Israelkritik

AF137585

# **VS** COLLEGE

Reviewed Research. Auf den Punkt gebracht.

VS College richtet sich an hervorragende NachwuchswissenschaftlerInnen. Referierte Ergebnisse aus Forschungsprojekten oder Abschlussarbeiten werden in konzentrierter Form der Fachwelt präsentiert. Zur Qualitätssicherung werden externe Begutachtungsverfahren eingesetzt. Eine kompakte Darstellung auf 60 bis maximal 120 Seiten ist dabei das Hauptkennzeichen der neuen Reihe.

Timo Stein

# Zwischen Antisemitismus und Israelkritik

## Antizionismus in der deutschen Linken

Bibliografische Information der Deutschen Nationalbibliothek
Die Deutsche Nationalbibliothek verzeichnet diese Publikation in der
Deutschen Nationalbibliografie; detaillierte bibliografische Daten sind im Internet über
<http://dnb.d-nb.de> abrufbar.

1. Auflage 2011

Alle Rechte vorbehalten
© VS Verlag für Sozialwissenschaften | Springer Fachmedien Wiesbaden GmbH 2011

Lektorat: Dorothee Koch | Britta Göhrisch-Radmacher

VS Verlag für Sozialwissenschaften ist eine Marke von Springer Fachmedien.
Springer Fachmedien ist Teil der Fachverlagsgruppe Springer Science+Business Media.
www.vs-verlag.de

Das Werk einschließlich aller seiner Teile ist urheberrechtlich geschützt. Jede
Verwertung außerhalb der engen Grenzen des Urheberrechtsgesetzes ist ohne
Zustimmung des Verlags unzulässig und strafbar. Das gilt insbesondere für Ver-
vielfältigungen, Übersetzungen, Mikroverfilmungen und die Einspeicherung und
Verarbeitung in elektronischen Systemen.

Die Wiedergabe von Gebrauchsnamen, Handelsnamen, Warenbezeichnungen usw. in diesem Werk
berechtigt auch ohne besondere Kennzeichnung nicht zu der Annahme, dass solche Namen im
Sinne der Warenzeichen- und Markenschutz-Gesetzgebung als frei zu betrachten wären und daher
von jedermann benutzt werden dürften.

Umschlaggestaltung: KünkelLopka Medienentwicklung, Heidelberg
Gedruckt auf säurefreiem und chlorfrei gebleichtem Papier
Printed in Germany

ISBN 978-3-531-18313-8

Für Hanna

# Inhaltsverzeichnis

*„Nicht die Erfahrung schafft den Begriff des Juden,*
*sondern das Vorurteil fälscht die Erfahrung.*
*Wenn es keinen Juden gäbe,*
*der Antisemit würde ihn erfinden."[1]*

# 1  Einleitung: Antisemitismus in der Linken gibt es nicht? – Es kann nicht sein, was nicht sein darf.

„Linker Antisemitismus ist unmöglich"[2] behauptete Gerhard Zwerenz in dem gleichnamigen, 1976 erschienenen Essay und impliziert dabei zugleich eine scheinbare Unumstößlichkeit, die eine solche Aussage zu transportieren versucht. Und tatsächlich scheinen sich Antisemitismus und linksgerichtetes Denken, das zuvorderst mit Aufklärung, Emanzipation und Internationalismus in Verbindung gebracht wird, auf den ersten Blick auszuschließen, ja diametral gegenüberstehende Pole zu verkörpern. Sofern also „Linkssein" bedeutet, erhaben gegenüber jedweden Verdachts antisemitischer Überzeugungen zu sein, warum bedurfte es dann überhaupt einer solchen Formulierung? Warum musste etwas explizit benannt werden, wenn von der Richtigkeit doch ohnehin jeder überzeugt ist? Es gab und gibt sehr wohl Bedenken, ob der Richtigkeit einer derartigen Aussage. Impliziert doch ein solches „unmöglich" in seiner scheinbar unwiderruflichen Absicht bereits einen Zweifel, ja eben doch eine Möglichkeit. Mit anderen Worten: Ein Gespenst geht um (in Deutschland). Ein Gespenst namens Antisemitismus. Ob es sich im Antizionismus „wie das Gewitter in der Wolke"[3] verbirgt, wie es Jean Améry bereits 1969 formulierte, ist Gegenstand dieser Arbeit. Jean Améry war einer der ersten, der die Frage nach antisemitischen Tendenzen in der deutschen Linken gestellt hat. Er warnte bereits 1969, relativ kurz nach dem Sechs-Tage-Krieg, vor einem neuen – „ehrbaren Antisemitismus" – der sich in der Neuen Linken in Gestalt des Antizionismus auszubrei-

---

1  Sartre, Jean-Paul: Betrachtungen zur Judenfrage. Psychoanalyse des Antisemitismus, Zürich 1948, S. 10.
2  Zwerenz, Gerhard: Linker Antisemitismus ist unmöglich, in: DIE ZEIT Nr. 16 vom 09. 04. 1976, http://www.zeit.de/1976/16/Linker-Antisemitismus-ist-unmoeglich, 10.11.2009.
3  Améry, Jean: Der ehrbare Antisemitismus (1969), in: Steiner, Stephan (Hrsg.): Jean Améry. Werke, Band 7, Stuttgart 2005, S. 133.

ten drohte.[4] Er eröffnete damit eine Debatte, die erst sehr viel später, im Zuge
des zweiten Golfkrieges, zu einer solchen werden sollte.

Was Améry und andere Kritiker eines linken Antizionismus aufgeschreckt
hat und hinter der antizionistischen Agitation einen kaschierten Antisemitismus
vermuten ließ, war die Tatsache, dass innerlinke Nahost-Diskussionen mit einer
ganz besonderen Härte und Emotionalität geführt wurden, in deren Verlauf immer wieder Israelis mit Nationalsozialisten gleichgesetzt wurden. Im Zuge dessen beschränkte sich die antizionistische Argumentation weniger auf die Politik
Israels, als dass vielmehr die staatliche Existenz Israels in ihrer Gänze zur Disposition stand. Ob also Antisemitismus entgegen der Zweren'schen Logik in der
Linken doch *möglich* ist, und wie er sich gegebenenfalls äußert, wird nachfol-
gend untersucht.


## 1.1  Fragestellung

Die Intention dieser schriftlichen Ausarbeitung liegt in der Hauptsache in der
Auseinandersetzung mit einer spezifischen Form linken Antizionismus, die sich
im Zuge des Sechs-Tage-Krieges 1967 in der Neuen Linken zu radikalisieren
begann und bis in die heutige Zeit Anhänger in linksgerichteten Gruppierungen
findet.

Dabei wird es in dieser Arbeit um die Beantwortung dreier Fragekomplexe
gehen.

1.    Zunächst soll festgestellt werden, ob und inwiefern ein solcher Antizionis-
      mus antisemitische Inhalte transportierte, inwieweit der Antizionismus der
      Neuen Linken also antisemitisch grundiert ist.
2.    Daran anschließend wird der Frage nachgegangen, wie es innerhalb der
      Linken zu einer antizionistischen Position, die antisemitische Inhalte zu
      transportieren in der Lage war, kommen konnte.
3.    Gleichzeitig gilt es die Frage zu klären, ob ein Antisemitismus in der Lin-
      ken Randerscheinung oder fundamentaler Bestand linker Ideologie ist.

Vor dem Hintergrund dieser zentralen Fragen wird folgende Ausgangsthese
formuliert:

Der spezifisch linke Antizionismus nach Auschwitz generiert durch seine
ideologische Nähe zu antisemitischen Denkformen antisemitische Inhalte und
kann, da er die Staatswerdung Israels als notwendige Konsequenz der Shoah

---

4      Vgl. ebd., S.133ff.

ignoriert, in seiner radikalsten Ausprägung als ein prototypischer Antisemitismus nach Auschwitz gelesen werden.

Um diesen zentralen Fragestellungen auch nur im Ansatz gerecht zu werden, gilt es im Verlauf dieser Arbeit weitere, sich daran anknüpfende Fragen zu bearbeiten:

Wo endet legitimierte Israelkritik, wo beginnt antisemitisch motivierte Ablehnung der Existenz Israels? Gibt es antisemitische Traditionsbestände in der linken Geistesgeschichte, die heutigem Antisemitismus als Quelle dienen? Welche Rolle spielt der kommunistische – marxistisch-leninistische – Antizionismus? Inwieweit sind bestimmte Formen linker Kritik an Kapitalismus, Globalisierung und den USA kompatibel mit antisemitischen Grundeinstellungen und Weltbildern?

## Wichtige Vorbemerkungen – „Judaeus ex machina"[5]

Im Mittelpunkt dieser Arbeit steht nicht die Politik des Staates Israel. Der Fokus liegt auf der Analyse des linken Antizionismus. Die Kritik der Neuen Linken an Israel war derart verzerrt und emotionalisiert, dass die Gründe hierfür nicht im Nahen Osten liegen, sondern in der Neuen Linken selbst. Gerade ein antisemitisch aufgeladener Antizionismus kann nicht als Folge des Nahostkonfliktes gedeutet werden. Antisemitismus ist mitnichten eine Reaktion auf jüdisches Verhalten, sondern ein Defekt der jeweiligen Mehrheitsgesellschaft. Insofern steht zu Beginn einer Arbeit, die sich mit Antisemitismus beschäftigt, die Einsicht, „dass das Judenbild des Antisemiten ein Konstrukt ist, welches durch die Anschauung der Realität der Juden nicht aufgelöst werden kann"[6]. Mit anderen Worten: Antisemitismus ist ein Problem der Antisemiten, nicht der Juden. Wer also Antisemitismus auf die Politik Israels zurückführt, selbigen gar als Reaktion auf militärische Aktionen Israels verkennt, bedient das alte Vorurteil vom selbstverschuldeten Antisemitismus. „Der Jud ist selbst schuld" heißt es nach dieser Lesart. Eine Argumentation, die antisemitische Äußerungen allein auf die Politik bzw. Existenz Israels zurückführt, verkennt, dass Antisemitismus eine ideologisch aufgeladene, konstruierte Weltsicht ist, die aus sich heraus „funktioniert".

---

5    Lion Feuchtwanger kreierte die Figur „Judaeus ex machina", die immer dann an die Tür klopft, wenn es Lücken in der Argumentation gibt. Vgl. Feuchtwanger, Lion: Gespräche mit dem ewigen Juden, in: An den Wassern von Babylon. Ein fast heiteres Judenbüchlein, München 1920, S. 53-92.

6    Benz, Wolfgang: Was ist Antisemitismus? Begriff und aktuelle Erscheinungsformen aus der Perspektive der internationalen Forschung, in: Antisemitismus. Forschung und aktuelle Entwicklungen. Friedrich-Ebert-Stiftung. Policy. Politische Akademie Nr. 21, Berlin 2007, S. 6.

Antisemitismus hat schon immer mehr über den Antisemiten gesagt, als über den Juden selbst. „Ein Antisemit hat nichts gegen Juden, sie haben etwas gegen ihn, und deswegen muss er sich gegen sie zur Wehr setzen."[7] Der Antisemitismus ist mitnichten eine Reaktion auf jüdisches Verhalten oder bestimmte jüdische Eigenschaften. Der Antisemit bedarf keiner Juden, um antisemitisch zu sein. Diese Logik entspringt der einseitigen Weltsicht, der sie entstammt. Wenn es keine Juden gäbe, würde sich der Antisemit ein anderes Bezugsfeld wählen.

## 1.2 Aufbau der Arbeit

Um obigen Fragen nachgehen zu können, ist in einem ersten Schritt (2) eine Determinierung zentraler Begrifflichkeiten vonnöten. Dabei gilt es, die in dieser Arbeit verwendeten Begriffe – Antisemitismus, Antizionismus, deutsche Linke – abzugrenzen, näher zu bestimmen, sie aber auch zur besseren Verständlichkeit in ihrem jeweils historischen Kontext zu analysieren. Um im Verlauf der Arbeit feststellen zu können, inwieweit der Antizionismus der Linken in Westdeutschland antisemitisch grundiert ist, soll zunächst der Versuch unternommen werden, sich dem Antisemitismusbegriff anzunähern (die Wesensmerkmale eines antisemitischen Weltbildes zu skizzieren) und grundsätzliche Erscheinungsformen – christlicher Antijudaismus, moderner Antisemitismus, sekundärer Antisemitismus, Antizionismus – darzustellen. Dabei soll im Speziellen gezeigt werden, dass es zwischen einem Antizionismus vor und einem Antizionismus nach Auschwitz genau zu unterscheiden gilt. Diese Unterscheidung ist fundamental für die Beurteilung der linken Israelkritik in Bezug auf ihren antisemitischen Gehalt. Der letzte Abschnitt dieses Grundlagenteils wird bemüht sein, Kriterien zu entwickeln, die als Maßstab für die Einordnung linker Israelkritik (legitim vs. antisemitisch) herangezogen werden können. Der Grundlagenteil dient der Arbeit als eine Art Rahmen und Hintergrundfolie, mit deren Hilfe die Israelkritik der Linken eingeordnet werden kann. Auf dieser theoretischen Folie wird anschließend der zweite große Abschnitt (3) dieser Arbeit ausgebreitet. Er stellt im Grunde einen Längsschnitt dar, da er chronologisch die Einstellungen der Linken zu Israel exemplarisch skizziert und zeithistorische Zäsuren extrapoliert. Dieser Teil versucht deskriptiv, aber auch analysierend den historischen Verlauf des sich etablierenden Antizionismus und einer sich radikal zuspitzenden Israeldebatte innerhalb der deutschen Linken nachzuzeichnen und mögliche antisemiti-

---

7   Broder, Henryk M.: Ein moderner Antisemit, in: Naumann, Michael (Hg.): „Es muss doch in diesem Lande wieder möglich sein..." Der neue Antisemitismus-Streit, 1. Aufl., München 2002, S. 92.

sche Auswüchse zu lokalisieren. Ein nächster Arbeitsschritt (4) wird mögliche Quellen, Ursachen und Beweggründe eines antisemitisch aufgeladenen Antizionismus von links untersuchen. Dabei werden zentrale linke Akteure und Schriften – Frühsozialismus, Aufklärung, Marxismus -, die linkes Denken geprägt haben, untersucht und nach antisemitischen Kontexten überprüft. Diesbezüglich wird u.a. der Fragestellung nachgegangen, ob man gar von einer antisemitischen Tradition in der deutschen Linken sprechen kann. Außerdem werden weitere Faktoren herangezogen, die ursächlich für antisemitische Färbungen im Antizionismus der Linken sind. Die Ideologie des antiimperialistischen Weltbildes marxistisch-leninistischer Prägung spielt dabei eine entscheidende Rolle. Darüber hinaus verdeutlichen weitere Faktoren, dass die Motive für antisemitische Einstellungsmuster weit weniger im Nahen Osten liegen, als dass sie vielmehr der eigenen historischen Vergangenheits- und Gegenwartsbewältigung geschuldet sind. Im nächsten größeren Abschnitt (5) sollen dann neuere linke Bewegungen im Hinblick auf mögliche antisemitische Strömungen untersucht werden, bevor in einem Schlussteil (6) die Ergebnisse dieser Arbeit resümierend herausgearbeitet werden.

*Zusammengefasst:*

Die Arbeit beginnt mit einem theoretischen Grundlagenteil, der die zentralen Begrifflichkeiten näher bestimmt und die Analysekriterien festschreibt. Dieser Abschnitt dient quasi als analytischer Kompass, mit dessen Hilfe antisemitische Inhalte fassbar gemacht werden.

Der zweite Teil bietet einen historischen Längsschnitt, der relevante Trends sichtbar werden lässt. Der Antisemitismus wird hier zunächst lokalisiert.

Der dritte große Block stellt wiederum einen Querschnitt dar, um vertieft die bereits in dem vorherigen Abschnitt angedeuteten Motive und Quellen eines Antisemitismus von links herauszuarbeiten.

Der letzte große Abschnitt wird dann versuchen einen aktuellen Bezug zur bearbeiteten Thematik herzustellen.

# 2 Terminologische Reflexion – Begriffliche Grundlagen und Abgrenzungen

## 2.1 Was ist Antisemitismus?

Antisemitismus gilt heute gemeinhin „als Oberbegriff für alle Formen von Feindschaft gegen Juden"[8], „unabhängig von ihren religiösen, rassistischen, sozialen oder sonstigen Motiven"[9]. Im folgenden Abschnitt wird es jedoch zunächst notwendig sein, diesen weit gefassten Antisemitismusbegriff in engere Termini zu kleiden, um diese im weiteren Verlauf der Arbeit auch mit der entsprechenden Tiefenschärfe einsetzen zu können. Zu diesem Zwecke wird der Antisemitismusbegriff zunächst im Hinblick auf seinen semantischen Wert diskutiert und anschließend einer inhaltlichen Ausdifferenzierung unterzogen. Dabei wird der Antisemitismusbegriff in vier Erscheinungsformen (christlicher Antijudaismus – moderner Antisemitismus – sekundärer Antisemitismus – Antizionismus) gegliedert und historisch kontextualisiert.

### 2.1.1 Zur Entstehung, Wirkung, Verwendung des Antisemitismusbegriffes

Kaum ein Begriff bietet derartig viele Möglichkeiten zur Interpretation wie der Antisemitismusbegriff.[10] Diese Virulenz in der Begriffsbestimmung lässt oftmals

---

8    Benz, Wolfgang: Was ist Antisemitismus. Bonn 2004, S. 10.
9    Benz, Wolfgang: Antisemitismusforschung als gesellschaftliche Notwendigkeit und akademische Anstrengung, in: Ders., Bilder vom Juden: Studien zum alltäglichen Antisemitismus, München 2001, S. 129.
10   Zur Problematik des Antisemitismusbegriffs siehe: Berger Waldenegg, Georg Christoph: Antisemitismus: „Eine gefährliche Vokabel?" Diagnose eines Wortes, Wien – Köln – Weimar 2003; Heil, Johannes: ‚Antijudaismus' und ‚Antisemitismus'. Begriffe als Bedeutungsträger, in: Benz, Wolfgang (Hrsg.): Jahrbuch für Antisemitismusforschung, 6, Frankfurt am Main/ New York 1997, S. 92-114; Hoffmann, Christhard: Christlicher Antijudaismus und moderner Antisemitismus. Zusammenhänge und Differenzen als Problem der historischen Antisemitismusforschung, in: Segele-Wenschkewitz: Christlicher Antijudaismus und Antisemitismus. Theologische und kirchliche Programme deutscher Christen, Arnoldshainer Texte, 85, Frankfurt am Main 1994, S. 293-317; Fein, Helen: Dimensions of Antisemitism: Attitudes, Collective Accusations, and Actions, in: Fein, Helen (Hrsg.) The Persisting Question. Sociological Perspectives and Social Contexts of Modern Antisemitism, Berlin/New York 1987, S. 68-85.

Raum für willkürliche Interpretationen und führt daher nicht selten zu Missverständnissen. Dabei ist es die schier nahtlose Stringenz einer Jahrhunderte langen Judenfeindschaft, die den modernen Begriff „Antisemitismus" so *unfassbar* erscheinen lässt. Dieses Phänomen der Unfassbarkeit korreliert in dem Umstand, dass es „keinen zeitlos gleichen Antisemitismus"[11] gibt. Vielmehr hat sich die Feindschaft gegen Juden „über die Jahrhunderte hinweg in ihren Motiven und Ausdrucksformen markant verändert"[12].

Der Begriff „Antisemitismus" ist historisch betrachtet relativ jung. In der Literatur wird seine Entstehung mit dem deutschen Journalisten Wilhelm Marr[13] in Verbindung gebracht und auf das Jahr 1879 datiert. Das ist jedoch nur partiell richtig, da der Begriff bereits zwei Jahrzehnte zuvor Verwendung fand.[14] Eindeutig ist jedoch, dass Marr diesen Begriff entscheidend geprägt und ihm zu seinem Durchbruch verholfen hat. Marr argumentierte in seinem antijüdischen Pamphlet „Vom Sieg des Judentums über das Germanentum" weniger auf der Grundlage eines religiös motivierten christlichen Antijudaismus, als er neue Spielarten antijüdischer Agitation in die antijüdische Debatte einbrachte und so einem modernen Antisemitismus den Weg bereitete.[15]

---

11  Heil, Johannes: Religion und Judenfeindschaft. Historische und gegenwärtige Aspekte, in: Benz, Wolfgang: Der Hass gegen die Juden. Dimensionen und Formen des Antisemitismus, Berlin 2008, S. 46.
12  Ebd.
13  Der gelernte Kaufmann Wilhelm Marr (1819-1904) war in mehreren politischen Lagern zuhause. So wandelte er sich vom liberal-demokratischen Publizisten zum Kommunisten, offenbarte sich mal als Anarchist, mal als revolutionärer Republikaner, bevor er schließlich ab 1849 für Preußens Hegemonie eintrat. 1879 trat er als Parteigründer der „Antisemiten-Liga" in Erscheinung. Siehe Benz, Was ist Antisemitismus, S. 90.
    Zur Entstehung der deutschen Antisemitenparteien siehe auch Düwell, Kurt: Zur Entstehung der deutschen Antisemitenparteien in Deutschland und Österreich. Christlich-sozial - National – Deutsch-sozialistisch, in: Günther B. Ginzel (Hrsg.): Antisemitismus. Erscheinungsformen der Judenfeindschaft gestern und heute, Bielefeld 1991, S. 170-180.
14  Vgl. Laqueur, Walter: Gesichter des Antisemitismus. Von den Anfängen bis heute, Berlin 2008, S. 34-35. Laut Laqueur taucht der Antisemitismusbegriff bereits 20 Jahre vor der in der einschlägigen Literatur verwendeten Jahreszahl 1879 als Geburtsstunde des Antisemitismus in Nachschlagewerken auf.
15  Marr stellte u.a. die These auf, Juden hätten Machtpositionen in allen gesellschaftlich wichtigen Bereichen eingenommen, um eine Zersetzung des germanischen Staates zu Gunsten der jüdischen Interessen voranzutreiben. Marr nutzt folglich die neuartige Verwendung des Begriffs Antisemitismus, „um die Form einer sich wissenschaftlich verstehenden und säkular begründeten Ablehnung von Juden von der alten, nur emotionalen und religiösen Antipathie abzuheben". Bergmann, Werner: Geschichte des Antisemitismus. 2. überarbeitete Aufl., München 2004, S. 6; vgl. Traverso, Enzo: Nach Auschwitz . Die Linke und die Aufarbeitung des NS-Völkermords, Dt. Erstausg., Köln 2000. S. 38; Berding, Helmut: Moderner Antisemitismus in Deutschland. Frankfurt am Main 1988, S. 85; Greive, Hermann: Geschichte des modernen Antisemitismus in Deutschland, Darmstadt 1988, S. 64.

Auch rein begriffsetymologisch ist die Verwendung des Terminus „Antisemitismus" problematisch. Der erst gegen Ende des 18. Jahrhunderts geprägte Begriff „Semit" bezeichnet im ursprünglichen Sinne lediglich eine bestimmte Sprachfamilie. Erst später wurde dieser Terminus rassisch bzw. rassistisch gefüllt. Darüber hinaus zählten zu den Semiten keinesfalls nur Juden, sondern auch Araber. Der Begriff ist daher in seiner ursprünglichen Auslegung äußerst irreführend. In der Folge hat der Begriff Antisemitismus, so wie er seit Marr Verwendung findet mit einem „realen ,semitischen' Sprachraum oder gar einer ,semitischen Rasse' (...) nichts zu tun, wie in der gängigen englischsprachigen Verwendung ,Anti-Semitism' immer noch suggeriert wird"[16]. Der Antisemitismusbegriff ist daher „eine völkisch-rassistische Erfindung, die den Judenhass pseudo-wissenschaftlich und politisch rationalisieren sollte"[17]. Der heutige Gebrauch des Begriffs ist immer auch vor dem Hintergrund dieser ideologischen Konstruktion zu sehen.

In der Forschung viel diskutiert ist ferner die oftmals rückprojizierende Verwendung des Antisemitismusbegriffs auf die Zeit vor seiner Entstehung 1879. Denn der Terminus „Antisemitismus" steht bereits früh synonym für alle Formen der Judenfeindschaft. Entsprechend findet er auch in der Funktion eines Sammelbegriffes „für negative Stereotypen über Juden, für Ressentiments und Handlungen, die gegen einzelne Juden als Juden oder gegen das Judentum insgesamt sowie gegen Phänomene, weil sie jüdisch sind, gerichtet sind"[18] in der Literatur Verwendung. Kritische Stimmen verweisen einerseits darauf, den Begriff Antisemitismus gerade aufgrund seiner, im Unterschied zu judenfeindlichen Tendenzen vor 1879, rassischen bzw. rassistischen Komponente, nicht einfach beliebig historisch auszudehnen bzw. rückzuprojizieren.[19] Andererseits dürfe

---

16   Rensmann, Lars: Demokratie und Judenbild. Antisemitismus in der politischen Kultur der Bundesrepublik Deutschland, 1. Aufl., Wiesbaden 2004, S. 71.
17   Ebd.
18   Blaschke, Olaf: Katholizismus und Antisemitismus im Deutschen Kaiserreich. Göttingen 1997, S. 23.
19   Entsprechend argumentieren beispielsweise Alexander Bein oder Helmut Berding gegen eine Ausdehnung des Antisemitismusbegriffs auf die Judenfeindschaft vor 1879, da sich der herausbildende Antisemitismus des ausgehenden 19. Jahrhunderts qualitativ von allen anderen Formen der Judenfeindschaft unterscheide. Vgl. Berding, Helmut: Antisemitismus in der modernen Gesellschaft: Kontinuität und Diskontinuität, in: Hoensch, Jörg K./ Birman, Stanislav/ Lipták, Lubomir: Judenemanzipation – Antisemitismus – Verfolgung in Deutschland, Österreich-Ungarn, den Böhmischen Ländern und in der Slowakei, Tübingen 1999, S. 85; vgl. Bein, Alexander: Die Judenfrage. Biographie eines Weltproblems: Zwei Bände, Stuttgart 1980, S. 217ff.

man nicht den Fehler begehen, der „ahistorischen" Illusion zu unterliegen, das „Phänomen" sei erst mit der „Prägung des Begriffs entstanden"[20].

Insofern steht, wie Berger Waldenegg richtig bemerkt, die Ausdehnung des Antisemitismusbegriffs zunächst in Opposition zu der (in der Forschung nahezu widerspruchsfreien) These, der Antisemitismus stelle ein untrennbar mit dem Konzept der Rasse verbundenes Phänomen dar.[21] Die Streuung des Antisemitismusbegriffs nach 1945 ist aber auch gerade Ausdruck einer Bedeutungsimplosion vor dem Hintergrund der historischen Zäsur durch den Holocaust.[22] Reinhard Rürup und Thomas Nipperdey schreiben dazu:

> „ (...) nach 1945 (...) ist die Bedeutung des Begriffs (...) außerordentlich erweitert worden: er meint nicht mehr nur die antijüdische Bewegung seit dem ausgehenden 19. Jahrhundert – die man nun meist als ‚modernen Antisemitismus' bezeichnet –, sondern alle judenfeindlichen Äußerungen, Strömungen und Bewegungen in der Geschichte. Antisemitismus ist so zu einem ‚Synonym für eine unfreundliche oder feindselige Haltung den Juden gegenüber' geworden (...). Auch die Wissenschaft wird diesen Sprachgebrauch berücksichtigen müssen; für ein angemessenes historisches Verständnis des Phänomens ‚Antisemitismus' kann sie jedoch auf den älteren, engeren Begriff nicht verzichten."[23]

Festzuhalten bleibt, dass die Verwendung der Begriffskategorie „Antisemitismus" bei weitem nicht unumstritten ist, jedoch gleichzeitig aufgrund ihrer historischen Bedeutung und allgemeinen Akzeptanz als kaum ersetzbar gilt.[24] Insofern sind alle Bemühungen, den Antisemitismusbegriff zeitlich und inhaltlich von anderen Formen der Judenfeindschaft klar abzugrenzen, äußerst strittig geblieben.[25] In der Folge ist Antisemitismus „zum übergreifenden Terminus geworden, den man jeweils über Beifügungen wie antiker, christlicher, völkischer, rassistischer Antisemitismus spezifiziert"[26].

---

20  Fischer, Jens M.: Die Wurzeln des Wagnerischen Antisemitismus, in: Ders. (Hrsg.): Richard Wagners ‚Das Judentum in der Musik'. Eine kritische Dokumentation als Beitrag zur Geschichte des Antisemitismus, Frankfurt am Main 2000, S. 35.

21  Vgl. Berger Waldenegg, Antisemitismus, S. 35.

22  Vorsicht ist geboten, sofern eine Ausdehnung des Antisemitismusbegriffs eine historische Kontinuität, ja einen „ewigen Antisemitismus" suggeriert und das Verhältnis der Juden zu anderen Bevölkerungsgruppen auf eine reine Verfolgungsgeschichte reduziert. Vgl. Bergmann, Werner: Geschichte des Antisemitismus. 2. überarbeitete Aufl., München 2004, S. 7.

23  Rürup, Reinhard/ Nipperdey, Thomas: Antisemitismus. Geschichtliche Grundbegriffe, in: Brunner, Otto/ Conze, Werner/ Koselleck, Reinhart (Hrsg.): Historisches Lexikon zur politisch-sozialen Sprache in Deutschland, Band I A-C, Stuttgart 1972, S. 152.

24  Siehe Rensmann, Demokratie und Judenbild, S. 74-75.

25  Vgl. Bergmann, Geschichte des Antisemitismus, München 2004, S. 6ff.

26  Ebd., S. 6-7.

## 2.1.2   Grundphänomene des Antisemitismus

Die Virulenz, die doch deutlich in der semantischen Besonderheit des Antisemitismusbegriffs und seiner Verwendung zum Tragen kam, offenbart sich in aller Deutlichkeit auch auf der inhaltlichen Ebene. Antisemitismus ist bei weitem kein „immergleiches, starres Gefüge von Vorurteilen"[27]. Im Laufe der Jahrhunderte haben sich die Formen und Ausprägungen des Antisemitismus gewandelt.

Im Folgenden soll das Phänomen des Antisemitismus in vier Grundtypen unterschieden werden. Zum einen sei der vor allem religiös motivierte christliche Antijudaismus zu nennen, der sich vom Mittelalter bis zur Neuzeit erstreckte. Zweitens der rassistisch aufgeladene, pseudo-anthropologisch und pseudo-biologistisch argumentierende Antisemitismus des ausgehenden 19. Jahrhunderts, der seinen traurigen Höhepunkt im Holocaust fand. Drittens, ein sekundärer Antisemitismus, ein Antisemitismus aus Erinnerungs- bzw. Schuldabwehr, der eng mit dem Holocaust verbunden ist und vor allem in Deutschland eine zentrale Rolle spielt. Ein zunächst von der Sowjetunion unter Stalin ausgehender und von den „Volksrepubliken" in Teilen übernommener Antizionismus, der sich in seiner ideologischen Radikalität bis in die westdeutsche Linke verfolgen lässt, wird hier als ein viertes Grundphänomen des Antisemitismus aufgeführt und analysiert. Diese vier Erscheinungsformen „ – religiöser Antijudaismus, Rassenantisemitismus, sekundärer Antisemitismus und Antizionismus – bilden den Rahmen der Betrachtung von Judenfeindschaft"[28] und dienen darüber hinaus dieser Arbeit als historisches Bezugsfeld bezüglich antijüdischer Ressentiments. Von besonderem Interesse für die dieser Arbeit zugrunde liegenden Fragestellungen sind dabei die neueren Figuren des Antisemitismus nach Ende des Zweiten Weltkrieges in Gestalt eines sekundären bzw. eines antizionistisch geprägten Antisemitismus. Aber gerade diese neueren Erscheinungsformen der Judenfeindschaft greifen auf tradierte antijüdische Stereotype zurück und aktualisieren sie. Daher ist es unerlässlich, will man den heutigen Antisemitismus in seinen unterschiedlichsten Ausformungen erkennen, einen Blick auf die Geschichte, auf die verschiedenen Erscheinungsformen der Judenfeindschaft zu werfen. Dabei ist es äußerst bemerkenswert, mit welcher Hartnäckigkeit sich die einzelnen Ressentiments über Generationen im kulturellen Bewusstsein festgesetzt haben und gleichzeitig immer neue Vorurteilsblüten zu treiben in der Lage waren und sind. Werner Bergmann spricht in diesem Zusammenhang von „Vorurteilsschich-

---

27   Rensmann, Demokratie und Judenbild, S. 74.
28   Benz, Was ist Antisemitismus, S. 20.

ten"[29], die in den jeweiligen historischen Phasen der Judenfeindschaft keineswegs in Vergessenheit geraten sind, sondern lediglich von aktuelleren Vorurteilsschichten überlagert wurden. Insofern lässt sich wohl doch, wenn schon nicht von einem „ewigen Antisemitismus"[30], so doch von immer wiederkehren den Ressentiments sprechen, von einer *Kontinuität der Vorurteile*, die sich durch alle historischen Phasen der Judenfeindschaft zieht.[31]

### 2.1.2.1  Christlicher Antijudaismus

Eine erste historische „Vorurteilschicht" bildet die religiös motivierte Ablehnung der Juden durch die Christen.[32] Dabei erscheint es zunächst paradox, dass das

---

29    Bergmann, Werner: Antisemitismus. Erscheinungen und Motive der Judenfeindschaft, in: Benz, Wolfgang: Der Hass gegen die Juden. Dimensionen und Formen des Antisemitismus, Berlin 2008, S. 10.

30    Hannah Arendt hat wohl am eindrücklichsten und radikalsten der These vom „ewigen Antisemitismus" widersprochen, der moderne Antisemitismus sei die säkularisierte Form des Judenhasses. Sie spitzt ihre Argumentation sogar soweit zu, dass sie einen Zusammenhang oder gar eine Kontinuität zwischen diesen beiden Ausprägungen der Judenfeindschaft gänzlich negiert. Vgl. Arendt, Hannah: Elemente und Ursprünge totaler Herrschaft. Band I: Antisemitismus, Frankfurt am Main 1980, S. 11-12, S. 26-28.
      Die Antisemitismusforschung beruft sich zwar in der Regel auf diese Arendtsche Trennung, um die Singularität und besondere Qualität des modernen Antisemitismus hervorzuheben vgl. z.B. Bergmann, Werner: Geschichte des Antisemitismus. 2. überarbeitete Aufl., München 2004, S. 7; Massing, Paul W: Vorgeschichte des politischen Antisemitismus, Frankfurt am Main 1986; Claussen, Detlev: Grenzen der Aufklärung. Die gesellschaftliche Genese des modernen Antisemitismus, erw. Neuausg., Frankfurt am Main 1994; Rensmann, Lars: Kritische Theorie über den Antisemitismus. Studien zu Struktur, Erklärungspotential und Aktualität, Berlin 1998. Gleichzeitig ist die Konsequenz, mit der Arendt einen Bruch zwischen religiösem Antijudaismus und modernem Antisemitismus konstatiert, in der Antisemitismusforschung eher unüblich. Einig ist sich die Forschung jedoch darin, dass es einen qualitativen Unterschied zwischen einem religiös motivierten christlichen Antijudaismus und einem rassisch konzipierten modernen Antisemitismus gibt.

31    Gleichwohl erreicht der moderne Antisemitismus durch seine rassistische Konzeption und seinen totalitären Gehalt, der sich nicht zuletzt in der Vernichtungsmaschinerie der Nationalsozialisten offenbart, eine ganz eigene, neue Qualität. Sofern also hier von einer Kontinuität der Vorurteile die Rede ist, soll damit keineswegs ein „ewiger Antisemitismus" aufgezeigt werden, als dass es vielmehr darum geht, eine Kontinuität antijüdischer Vorurteile darzustellen, die sich in allen Phasen der Judenfeindschaft offenbarte, bei gleichzeitiger Herausstellung der Singularität des Holocaust. Insofern existieren Kontinuität und Zäsur zugleich, ja bilden eine Gleichzeitigkeit, die ihre Widersprüchlichkeit verliert, sobald Antijudaismus und Antisemitismus als eine Art dialektische Einheit gelesen werden.

32    Strittig bleibt die Frage, ob es bereits vor der Entstehung des Christentums eine spezifische Form der Judenfeindschaft gegeben hat, oder ob die vorchristliche ablehnende Haltung gegenüber Juden nicht viel eher Ausdruck einer „gewöhnlichen" Xenophobie – Fremdenfeindlichkeit – gewesen ist. Vgl. Laqueur, Gesichter des Antisemitismus, S. 7ff.

Christentum, obwohl es in seinen Anfängen im Grunde genommen eine jüdische Sekte gewesen war, eine aus dem Judentum hervorgegangene Gruppierung, im Verlauf seiner Geschichte eine derartig ausgeprägte Judenfeindschaft entfalten konnte.[33] Diese antijüdische Haltung entwickelte sich aus einer Art Abgrenzungsreaktion der Christenheit gegenüber dem *alten Bund* des Judentums. Anfänglich war auch Konkurrenz ein bestimmender Faktor, da beide Religionen sich um die Anhängerschaft der jeweils anderen Glaubensgemeinschaft bemühten. Die ablehnende Haltung nahm aber auch dann nicht ab, als das Christentum längst die Oberhand gewonnen hatte. Ein zentraler Vorwurf der Christen gegenüber den Juden war die Behauptung, sie seien Christusmörder und die Vernichtung ihres Landes und Tempels und ihre Zerstreuung seien die gerechte Strafe dafür.[34] Die Formen der Verfolgung variierten im Laufe der Zeit. Im Mittelalter wurden die jüdischen Gemeinden Europas Zielscheibe regelmäßiger Vertreibungen und gewalttätiger Übergriffe. Dabei richteten sich die Gewaltaktionen wie auch die späteren Kreuzzüge, die allesamt antijüdisch motiviert waren, nicht gegen einzelne Juden, sondern gegen alle Angehörige der Minderheit. Somit hatten die Übergriffe den Charakter von Pogromen.[35] Die rechtliche Stellung der Juden richtete sich nach der Kirchenlehre. Dabei durften Juden nur bestimmte Berufe ausüben, etwa den des Geldverleihers, was ihnen nicht gerade zu mehr Anerkennung verholfen hat.[36] Mit der beruflichen Spezialisierung, die sich teilweise bis ins 20. Jahrhundert hinein hielt, verfestigte sich das Vorurteil des geldgierigen, kapitalistischen, ausbeuterischen Juden. Vorurteilsstrukturen also, die bis in die heutige Zeit existent sind. Die Ghettoisierung der Juden war eine weitere Form der Stigmatisierung. Die Intensität der Verfolgung war immer wieder auch Schwankungen unterworfen und es gab Phasen, da sich das Verhältnis zwischen Juden und Christen zu normalisieren schien. So durften Juden beispielsweise nach Vertreibungen oftmals nach und nach wieder zurückkehren. Walter Laqueur stellt dazu fest, dass dies nicht der Fall gewesen wäre, sofern die Judenfeindschaft rein „doktrinär-religiöser Art"[37] gewesen wäre. Er hält soziale und ökonomische Motive für ausschlaggebend, warum die Verfolgung in man-

---

33 Vgl. Wirth, Wolfgang: Judenfeindschaft von der frühen Kirche bis zu den Kreuzzügen. »... von jener schimpflichen Gemeinschaft uns trennen«, in: Ginzel, Günther B. (Hrsg.): Antisemitismus. Erscheinungsformen der Judenfeindschaft gestern und heute, Bielefeld 1991, S. 53.
34 Vgl. Laqueur, Gesichter des Antisemitismus, S. 13.
35 Der eigentliche Begriff findet erst viel später Verwendung und wurde im 19. Jahrhundert dem Russischen entnommen.
36 Folglich wurden sie quasi zu einer „ökonomischen Spezialisierung auf Handel und Geldleihe" gezwungen, was für die Christen aus religiösen Gründen verboten war. Bergmann, Antisemitismus, S. 13.
37 Laqueur, Gesichter des Antisemitismus, S. 14.

chen Phasen stärker war als in anderen.[38] Und tatsächlich gab es neben der religiös begründeten Ablehnung des Judentums von Anfang an auch soziale und ökonomische Motive, zu denen im ausgehenden Mittelalter und in der frühen Neuzeit weitere Formen der Abneigung traten, „die schon auf die späteren rassistischen Ressentiments verwiesen, wie sie im 19. Jahrhundert entwickelt und begründet wurden"[39]. Allmählich verstand man die Juden nicht mehr nur als religiöse Gruppierung, sondern man definierte sie mehr und mehr über einen ethnischen und sozialen Kontext.

Es bleibt festzuhalten, dass christlich-religiös motivierte antijüdische Ressentiments bis in die heutige Zeit hinein wirken. So hat beispielsweise die Ritualmord- und Blutlegende[40] bis in das 20. Jahrhundert hinein immer wieder Anlass zu antijüdischen Gewaltaktionen gegeben.[41] Das Bild des jüdischen Kindermörders wirkt in Bezug auf den Nahost-Konflikt bis in die heutige Zeit hinein.

Eine Reihe heute noch präsenter Feindbildstereotypen, wie die vom Wucherer, Brunnenvergifter, Christenfeind, Ritualmörder, Kindermörder und daraus abgeleitete Eigenschaften wie Geiz, Rachedurst, Raffgier, Hochmut, Feigheit, Arglist etc. haben ihre Wurzel im christlich motivierten Antijudaismus.[42] Festzuhalten bleibt, dass die tradierte Form christlich motivierter Abneigung gegen Juden sozusagen ein antijüdisches Fundament für den modernen Antise-

---

38    Vgl. ebd., S.14f.
39    Benz, Was ist Antisemitismus, S. 66.
40    Der Legende nach begehen Juden alljährlich einen ritualisierten Mord an einem christlichen Jungen, um das Leiden Jesu zu verhöhnen. Als weiteres Motiv trat nach dem IV. Laterankonzil von 1215 die Blutlegende hinzu, nach der die Juden ihren Opfern zu medizinischen bzw. magischen Zwecken Blut entzogen. Vgl. Benz, Was ist Antisemitismus, S. 68-69.
41    Beispielhaft sei hier der Pogrom von Kielce (Polen) von 1946 genannt, in dessen Verlauf mindestens 42 Juden ermordet wurden. Auslöser war das Verschwinden eines Kindes, das – so der Vorwurf – von Juden getötet worden sei. Näheres siehe Friedrich, Klaus-Peter: Antijüdische Gewalt nach dem Holocaust. Zu einigen Aspekten des Judenpogroms von Kielce, in: Jahrbuch für Antisemitismusforschung 6 (1997), S. 115-147.
      Auch der moderne Antisemitismus bzw. Rassenantisemitismus wusste sich solch religiös motivierter Antijudenbilder zu bedienen. So nutzte beispielsweise der »Stürmer«, das Blatt Julius Streichers, in seinen Sondernummern nahezu den gesamten Fundus christlicher Ritualmordlegenden. Vgl. Benz, Was ist Antisemitismus, S. 73.
42    Kein geringerer als der Reformator Martin Luther erschuf mit seinem Traktat „Von den Juden und ihren Lügen" (1543) eine Art antijüdische Bibel, die nahezu alle Vorurteile der Zeit sammelte und deren Wirkung über die Zeit des Nationalsozialismus hinaus ging.
      Zwei Jahre zuvor erschien bereits das katholische Pendant mit dem langen Titel „Ains Judenbüechleins verlegung darin ain Christ ganzer Christenheit zu schmach will es geschehen den Juden unrecht in bezichtigung der Christen kinder mordt. Hierin findst auch vil histori was übels und büeberey die Juden in allen teütschen land und anderen künigreichen gestift haben". Es stammte vom Ingolstädter Theologieprofessor Johannes Eck und war seiner Zeit vielleicht nicht so populär wie Luthers Schrift, doch wirkte es bis in die Publizistik des »Stürmers« hinein. Benz, Was ist Antisemitismus, S. 78-79.

mitismus des 19. Jahrhunderts legte. Diese religiös motivierte Vorurteilsschicht hat auch im 21. Jahrhundert Konjunktur, lebt quasi als eigene Unterströmung weiter und bildet dabei eine fundamental in tiefe historische und psychologische Schichten verankerte „kollektive Infrastruktur"[43] des Antisemitismus.

### 2.1.2.2  Moderner[44] Antisemitismus

Obwohl der vormoderne religiöse Antijudaismus bis in die heutige Zeit hinein wirkt, verweist ein Großteil derer, die sich wissenschaftlich mit Antisemitismus befassen, auch auf die Herausbildung eines modernen rassistischen Antisemitismus in Mitteleuropa in der zweiten Hälfte des 19. Jahrhunderts.[45] Dieser moderne Antisemitismus basierte auf einer pseudowissenschaftlichen Lehre, in deren Kern eine rassistische und sozialdarwinistische Konzeption stand. Das Werk *Essai sur l'inégalité des races humaines* (1853/55) des erz-konservativen Diplomaten François J. A. Comte de Gobineau[46] brachte die Rassenthematik auf die antijüdische Agenda. Mit seinen Rassentypologien, seinen Unterscheidungen zwischen niederen und edleren Rassen, dem Postulat von der Verschiedenheit der Rassen im Allgemeinen, hatte er ein „Denkmodell für den rassistischen Anti-

---

43  Améry, Jean: Der ehrbare Antisemitismus. Rede zur Woche der Brüderlichkeit (1976), in: Steiner, Stephan (Hrsg.): Jean Améry. Werke, Aufsätze zur Politik und Zeitgeschichte, Band 7, Stuttgart 2005, S. 172.

44  Die Bezeichnung modern suggeriert das Vorhandensein eines unmodernen bzw. eines alten Antisemitismus und ist wiederum Ausdruck für die Inkonsequenz der teilweise rückprojizierenden Verwendung des Antisemitismusbegriffs in der Antisemitismusforschung.

45  Walter Laqueur stellt aber richtigerweise fest, dass der Kontinuitätsbruch zwischen vormodernem Antijudaismus und modernem Antisemitismus aus vielerlei Gründen nicht überbetont werden sollte. Zum einen findet man rassistischen Antisemitismus z. B. in Spanien bereits Jahrhunderte vor seiner Verbreitung in Mitteleuropa. Darüber hinaus seien die politischen und ideologischen Elemente, die das Gesicht des modernen rassistischen Antisemitismus in Deutschland und Österreich bestimmten, keinesfalls exemplarisch für den im 19. und 20. Jahrhundert in Russland und in Polen verbreiteten Antisemitismus. In diesen Ländern hätten sich nie streng rassistische Vorstellungen herausgebildet. Das Gleiche gelte für die islamische und insbesondere die arabische Welt, in der rassistische Theorien stets eine sektiererische Randerscheinung gewesen seien und der Hauptantrieb des Antisemitismus religiöser und nationalistisch-religiöser Art geblieben sei. Daher könne man für Deutschland und Frankreich problemlos den Zeitpunkt des Übergangs vom Antijudaismus zum modernen Antisemitismus bestimmen, während es im osteuropäischen Kontext unmöglich sei. Siehe Laqueur, Gesichter des Antisemitismus, S. 15.

46  Vgl. Comte de Gobineau, François J. A.: Essais sur l'inégalité des races humaines. Tome premier, Paris 1853, S. 392-433.

semitismus"[47] vorgegeben. Houston Stewart Chamberlain (1855-1927) sollte mit seinem Buch „Die Grundlagen des 19. Jahrhunderts" (1899) ein weiteres rassistisch-sozialdarwinistisch begründetes antisemitisches Hauptwerk liefern, das nicht nur im gebildeten Bürgertum, sondern auch in Kaiser Wilhelm und später in Adolf Hitler populäre Abnehmer fand.[48] Dabei verstand sich diese neuartige Judenfeindschaft als wissenschaftlich fundiert und verbarg sich hinter dem Mantel einer scheinbar objektiven Geschichts- und Gesellschaftsanalyse.[49] Die modernen Rassentheorien bildeten das ideologische Fundament eines politisch organisierten Antisemitismus, der das 19. Jahrhundert überdauerte, eine Reihe von Antisemitenparteien[50] hervorbrachte und 1933 zur Staatsdoktrin erklärt wurde. Der rassistische Antisemitismus verband sich mit dem völkischen Nationalismus der Nationalsozialisten und bildete den Kern der nationalsozialistischen Ideologie.[51] Die Nationalsozialisten erklärten die Juden zum „gefährlichsten Gegner im weltgeschichtlichen Endkampf"[52]. Man machte sie für den amerikanischen Kapitalismus („Wall Street") wie für den sowjetischen Kommunismus („jüdischer Bolschewismus") gleichermaßen verantwortlich. Mit Hitlers Machtergreifung erfuhr der Antisemitismus der Nationalsozialisten eine sukzessive Radikalisierung. Die ersten staatlich verordneten Diskriminierungsmaßnahmen begannen mit dem Machtantritt 1933 und wurden mit den Nürnberger-Rassegesetzen 1935 ausgedehnt und institutionalisiert. Die „Reichskristallnacht" von 1938 und die Welle der Pogrome, die darauf folgten, waren Ausdruck einer antisemitischen Radikalisierung, einer Zuspitzung von einer offenen Diskriminierung hin zu einer offenen Verfolgung. Nach Kriegsausbruch begannen die Nazis mit der Deportation der Juden in die Ghettos und Konzentrationslager und gingen im Jahre 1941 „endgültig zu einer Politik der Vernichtung über"[53]. Im Völkermord an den Juden zeigt der Rassenantisemitismus der Nazis seine ihm innewohnende

---

47  Bergmann, Antisemitismus. Erscheinungen und Motive der Judenfeindschaft, in: Benz, Wolfgang: Der Hass gegen die Juden. Dimensionen und Formen des Antisemitismus, Berlin 2008, S. 14.

48  Näheres zur Verbindung Kaiser Wilhelm II. mit dem Antisemiten Chamberlain siehe Röhl, John C. G.: Kaiser Wilhelm II. und der deutsche Antisemitismus, in: Vorurteil und Völkermord. Entwicklungslinien des Antisemitismus, Bonn 1997, S. 272ff.

49  Vgl. Hoffmann, Christhard: Geschichte und Ideologie: Der Berliner Antisemitismusstreit 1879/81, in: Benz, Wolfgang/ Bergmann, Werner: Vorurteil und Völkermord. Entwicklungslinien des Antisemitismus, Bonn 1997, S. 219.

50  Angefangen von der Antisemiten-Liga Wilhelm Marrs, über die „Allgemeine Vereinigung zur Bekämpfung des Judentums" (1883), der „Deutsche Antisemitenbund" (1884) bis zur „Deutschen Antisemitischen Vereinigung". Benz, Was ist Antisemitismus, S. 103.

51  Vgl. Traverso, Enzo: Nach Auschwitz . Die Linke und die Aufarbeitung des NS-Völkermords, Dt. Erstausg., Köln 2000, S.44-46.

52  Bergmann, Antisemitismus, S. 15.

53  Traverso, Nach Auschwitz, S. 45.

Absurdität und Widersprüchlichkeit. In dem Moment, da sich der Antisemitismus seiner Bezugsgröße entledigt, hört er auf als solcher zu funktionieren. Sobald die Opposition, der Semit bzw. Jude, fehlt, verliert er seinen Sündenbock, ja verliert er die Bezugsgröße, an der er seine negative Identifikation ausrichten kann.

> „Im Völkermord an den Juden trieb der Antisemitismus seine innere Logik bis zur Selbstverneinung auf die Spitze. Hier berühren wir den spezifischen und unauflöslichen Charakter des Antisemitismus, der ihn von anderen Formen des Rassismus unterscheidet. Der Antisemitismus hat das rassistische Paradigma aufgestellt und gleichzeitig ad absurdum geführt."[54]

## 2.1.2.3   Sekundärer Antisemitismus[55]

Nach dem Holocaust hat sich der Antisemitismus in seiner Erscheinungsform gewandelt. Er musste den Holocaust und die Staatsgründung Israels berücksichtigen. Offener Antisemitismus war nach den jüngsten Ereignissen diskreditiert und wurde, die extreme Rechte einmal ausgenommen, weitestgehend geächtet.[56] Insofern hat der Antisemitismus nach Auschwitz seine Funktion als Ideologie verloren, lebte jedoch als ein „diffuses, offiziell unterdrücktes Vorurteil weiter"[57]. Diese Diffusität ist Ausdruck dafür, dass sich die Bedingungen öffentlicher antisemitischer Kommunikation nach der Ermordung von sechs Millionen Juden gewandelt haben. Insbesondere in Deutschland und Österreich tritt der Antisemitismus nach 1945 in subtiler Gestalt als so genannter „sekundärer Antisemitismus", als ein Antisemitismus nicht trotz, sondern wegen Auschwitz, auf.[58] Diese Form der Erinnerungsabwehr erhält einen Großteil seiner Dynamik aus der Verarbeitung bzw. Nichtverarbeitung der nationalsozialistischen Vergangenheit. Der sekundäre Antisemitismus „beginnt mit der Verdrängung der Vergangenheit und ist zugleich eine Folge davon"[59]. Argumentationsmuster bestehen beispielsweise in dem Vorwurf, „die Juden" zögen Vorteile aus der Vergan-

---

54  Traverso, Nach Auschwitz, S. 46.
55  Der Begriff entstand im Umfeld der Frankfurter Schule.
56  Wobei Bergmann/Erb zu Recht darauf hinweisen, dass es bis in die 1950er Jahre hinein eine „anti-antisemitischen Konsens in der Öffentlichkeit noch nicht gab". Bergmann, Werner/ Erb, Rainer: Antisemitismus in Deutschland 1945-1996, in: Benz, Wolfgang/ Bergmann, Werner (Hrsg.): Vorurteil und Völkermord. Entwicklungslinien des Antisemitismus, Bonn 1997, S. 417ff.
57  Bohleber, Werner: Antisemitismus als Gegenstand interdisziplinärer Erforschung, S. 12.
58  Siehe Diner, Dan: Negative Symbiose. Deutsche und Juden nach Auschwitz, in: Ders. (Hrsg.): Ist der Nationalsozialismus Geschichte? Zu Historisierung und Historikerstreit. Frankfurt a. M. 1987, S. 186.
59  Rommelspacher, Birgit: Schuldlos – Schuldig? Wie sich junge Frauen mit Antisemitismus auseinandersetzen, Hamburg 1995, S. 42.

genheit. Argumentationen nach dem Muster, dass doch nun endlich ein Schlussstrich gezogen werden müsse, bzw. dass man die Verbrechen an den Juden ja nicht ewig vorgehalten bekommen könne, fallen in dieses Raster. Der sekundäre Antisemitismus versucht also die deutsche Schuld zu relativieren oder sie gar Juden zuzuschreiben. Durch Projektion und Schuldumkehr erfolgt eine Verschiebung auf der Täter-Opfer-Achse. Darüber hinaus erwächst die sekundärantisemitische Erscheinungsform aus dem Umstand, dass Juden die Deutschen an die Verbrechen der jüngeren Vergangenheit erinnerten und in der Folge eine positive, patriotische Identifikation mit Deutschland erschwerten.[60] Der israelische Psychoanalytiker Zvi Rex hat dieses Phänomen polemisch auf die Formel gebracht: „Die Deutschen werden den Juden Auschwitz nie verzeihen."[61] Laut einer im Auftrag des *American Jewish Comittee* 2003 durchgeführten Umfrage stimmt eine Mehrheit (52 Prozent) der Befragten der sekundär-antisemitischen Aussage vollkommen oder eher zu, „die Juden" nutzten die Erinnerung an den Holocaust für ihre eigenen Vorteile aus.[62] Eine andere Studie im Auftrag der *Anti-Defamation-League* dokumentiert, dass 58 Prozent der Deutschen der Meinung seien, Juden würden immer noch zu viel vom Holocaust sprechen.[63] Im Jahre 2004 ärgerten sich fast zwei Drittel (61,2 Prozent) der Deutschen darüber, „dass den Deutschen auch heute noch die Verbrechen an den Juden vorgehalten werden"[64]. Laut Bergmann verbinde sich hier ein aktuelles Unbehagen mit alten, aus dem Antijudaismus stammenden Negativurteilen über die „alttestamentarische Vergeltungssucht"[65] der Juden.

Dieser sekundäre Antisemitismus spielt im besonderen Maße auch im Umgang mit Israel bzw. in israelfeindlichen Argumentationen eine große Rolle. Demgemäß wird Israelkritik sekundär-antisemitisch, sobald mit NS-Vergleichen gearbeitet wird, ferner, wenn ein jüdischer Opferstatus und daraus folgend das Existenzrecht des Staates Israel negiert werden. Mit der Existenz Israels hat sich eine neue Dimension von Vorurteilen herausgebildet, die sich beispielsweise in

---

60    Gessler, Phillip: Der neue Antisemitismus. Hinter den Kulissen der Normalität, Freiburg 2004, S. 12.
61    Zitiert nach Gessler, Der neue Antisemitismus, S. 12.
62    Vgl. Rensmann, Demokratie und Judenbild, S. 492. Vgl. Bergmann, Werner/ Heitmeyer, Wilhelm: Antisemitismus: Verliert die Vorurteilsrepression ihre Wirkung? In: Heitmeyer, Wilhelm (Hrsg.): Deutsche Zustände. Folge 3, 1. Aufl., Frankfurt am Main 2005, S. 232.
63    Vgl. Gessler, Der neue Antisemitismus, S. 133.
64    Vgl. Bergmann, Antisemitismus, S. 20; vgl. Bergmann/ Heitmeyer, Antisemitismus: Verliert die Vorurteilsrepression ihre Wirkung?, S. 231.
65    Bergmann, Antisemitismus, S. 20.

dem Umstand offenbart, dass in Deutschland lebende Juden in Kollektivhaftung für israelische Politik genommen werden.[66]

Dabei zeigt sich immer deutlicher, welch hohen Mobilisierungseffekt der Nahost-Konflikt auf latent antisemitische Vorurteilsmuster hat. Durch die Existenz des Staates Israel kann sich Antisemitismus heute hinter vermeintlicher Israelkritik bzw. hinter einem antizionistischen Gewande verstecken. Genauer gesagt, ist mit Hilfe eines antizionistischen Weltbildes die Möglichkeit gegeben, antisemitische Inhalte auf Umwegen zu transportieren und zu kommunizieren und folglich die Kommunikationslatenz[67] des Antisemitismus zu durchbrechen. Antizionismus bietet dabei die Möglichkeit, latent vorhandene antisemitische Einstellungen manifest werden zu lassen. Ein im besonderen Maße von der Neuen Linken postulierter Antizionismus, der in seiner extremsten Form die Legalität der staatlichen Existenz Israels bestreitet, ist „im politischen Vokabular als Parameter der Judenfeindschaft geläufig"[68]. Insofern wird der Antizionismus im Folgenden als weiteres Phänomen der Judenfeindschaft angeführt und diskutiert.

## 2.1.2.4   Antizionismus

### 2.1.2.4.1 Antizionismus vor Auschwitz

„Anti-Zionism is not necessarily antisemitic."[69], heißt es gleich zu Beginn in einem dezidiert dem Thema Antisemitismus gewidmeten Lexikon. Und in der Tat sind Antisemitismus und Antizionismus keine identitären Erscheinungsformen.[70] Historisch gesehen taucht der klassische Antizionismus zunächst in einem

---

66   Laut einer Umfrage aus dem Jahre 2004 gaben 32 Prozent der Befragten an, dass ihnen „durch die israelische Politik die Juden immer unsympathischer würden". Zitiert nach Bergmann, Antisemitismus, S. 20.
67   Unter dem Schlagwort der Kommunikationslatenz wird in der Antisemitismusforschung ein Phänomen behandelt, bei dem davon ausgegangen wird, dass nach 1945, als ein offener Antisemitismus unmöglich wurde, die semantischen Strukturen einer antisemitischen Ideologie unterschwellig erhalten geblieben sind und jederzeit als offener Antisemitismus wieder aktualisiert werden können. Vgl. Bergmann, Werner/ Heitmeyer, Wilhelm: Antisemitismus: Verliert die Vorurteilsrepression ihre Wirkung?, S. 225f.
68   Benz, Was ist Antisemitismus?, S. 203.
69   Levy, Richard S. (Hrsg.): Antisemitism. A Historical Encyclopedia Of Prejudice And Persecution, Volume I, Santa Barbara, California 2005, S. 25.
70   Shulamit Volkov stellt in diesem Zusammenhang die These auf, dass der klassische Antizionismus, genauso wie der Zionismus auch, ursprünglich ein ideologischer Standpunkt sei und daher der Antisemitismus mit dem klassischen Antizionismus keineswegs identisch sei. Siehe

inner-jüdischen Kontext auf.[71] Die meisten europäischen Juden waren Anhänger der Integration in die jeweiligen europäischen Zivilgesellschaften und befürworteten das Prinzip der Assimilation. Sie lehnten den Zionismus[72] zunächst ab und sprachen sich damit gegen die Idee eines jüdischen Nationalstaates aus, da er ihren Zielen einer innerstaatlichen Gleichberechtigung im Zuge einer Emanzipation, Assimilation und sozialen Integration widersprach. Demzufolge waren große Teile der europäischen Juden im 20. Jahrhundert keine Zionisten, sondern sprachen sich aus den verschiedensten Gründen gegen das Ziel eines jüdischen Staates aus.[73] Gerade linke Positionen, ob marxistisch oder sozialdemokratisch sahen in der zionistischen Bewegung eine reaktionäre Ideologie, die auf Nation und Nationalismus setzte und damit den sozialistischen Zielen der Arbeiterbewegung widersprach, galt es doch, die Nationalstaatlichkeit zu überwinden und zu einer klassenlosen Gesellschaft zu gelangen.[74] Insofern galt der Zionismus dem Marxismus als „bürgerlicher Nationalismus", der im Ringen um das ent-

---

Volkov, Shulamit: Antisemitismus und Antizionismus: Unterschiede und Parallelen, in: Dies.: Antisemitismus als kultureller Code. München 2000, S. 77.

71    Ebd. S. 78f.

72    Zionismus steht hier für einen jüdischen Nationalismus, der, sieht man von diversen Vorläufern ab, seine politischen Wurzeln im ausgehenden 19. Jahrhundert hat. Theodor Herzls Schrift „Der Judenstaat" (1896) und der Erste Zionistenkongress in Basel (1897) legten das theoretische Fundament dieser Bewegung. Erklärtes Ziel war die Schaffung eines jüdischen Nationalstaates in Palästina. Die zionistische Bewegung war eine Reaktion auf wachsenden Antisemitismus im 19. Jahrhundert, der den Glauben an Emanzipation innerhalb nichtjüdischer Gesellschaften schwinden ließ. Mehrheitlich aber waren die Juden zunächst eher skeptisch gegenüber dem Zionismus eingestellt. Der Holocaust schließlich stellte diese Skepsis fundamental in Frage. Vgl. Holz, Klaus: Die Gegenwart des Antisemitismus. Islamistische, demokratische und antizionistische Judenfeindschaft, Hamburg 2005, S. 83f.

73    Beispielsweise lehnten säkularisierte und assimilierte deutsche und französische Juden einen jüdischen Nationalismus und dessen Religiosität in Form des Zionismus ab, fühlten sie sich doch nach wie vor der Idee der Aufklärung und der Französischen Revolution verpflichtet. Auch die orthodoxen Juden sprachen sich gegen Ben Gurions und Theodor Herzls Visionen eines zionistischen Staatsgebildes aus, weil ihrer religiösen Ansicht zufolge die Juden nicht dafür bestimmt waren, bereits vor der Ankunft des Messias ins heilige Land Israel zurückzukehren. Auch in den USA wurden assimilierte Juden gegen den Zionismus aktiv. Darunter waren jüdische Intellektuelle wie Hannah Arendt. Vgl. Chesler, Phyllis: Der neue Antisemitismus. Die globale Krise seit dem 11. September, 1. Auflage, Hamburg Berlin 2004, S. 173-177.

74    Dabei waren die dem Zionismus gegenüber kritisch eingestellten Stimmen der unterschiedlichen linken Gruppierungen keineswegs einheitlicher Natur an in ihrer inhaltlichen Ausformung und Tiefenschärfe wechselhaft und sehr verschieden. So gab es beispielsweise auch sozialistisch zionistische Strömungen wie die Internationale Organisation Poale Zion (Arbeiter Zions), die die marxistische und zionistische Lehre insofern verbanden, als sie einen Sozialismus für das jüdische Volk nur innerhalb eines eigenen jüdischen Staatswesens für möglich erachteten. Vgl. Keßler, Mario: Antisemitismus, Zionismus und Sozialismus. Arbeiterbewegung und jüdische Frage im 20. Jahrhundert, Zweite Auflage, Mainz 1994, S.102ff.

wurzelte Kleinbürgertum in Konkurrenz zur sozialistischen Bewegung stand.[75] Dieser Lesart zufolge war der von Teilen linker Gruppierungen praktizierte Antizionismus eine Spielart des klassischen Antizionismus, ein Antizionismus vor Auschwitz also, der sich vor der Staatsgründung Israels artikulierte und seine Anhänger vor allem bei den Juden selbst fand, da sie nicht daran glauben wollten, dass der Zionismus einen wirklichen Beitrag zur Lösung des uralten Problems der Judenverfolgung leisten könne. Solche klassisch-antizionistischen Positionen, die den Zionismus als jüdischen Nationalismus kritisierten, waren in ihrem Kern nicht judenfeindlich. Eine derartige Kritik des Zionismus, wie sie vor allem von linken Personen und Organisationen, von Lenin über Kautsky, vom „Bund"[76] bis zur kommunistischen Internationalen, formuliert worden war, gilt es abzugrenzen von einem marxistisch-leninistischen geprägten antiimperialistischen Antizionismus der spätstalinistischen Phase, der mal mehr, mal weniger „bloß ein Synonym für Antisemitismus war"[77].

### 2.1.2.4.2 Antizionismus nach Auschwitz

Diese Variante des Antizionismus „ist im politischen Vokabular als Parameter der Judenfeindschaft geläufig"[78] und wird in dieser Arbeit als viertes Grundphänomen geführt, mit dem es sich im weiteren Verlauf auseinanderzusetzen gilt. Sofern sich diese Arbeit mit dem Antizionismus der Linken beschäftigt, ist von eben dieser marxistisch-leninistischen geprägten Variante des Antizionismus die Rede,[79] wie sie sich nach Ende des Zweiten Weltkrieges in der Sowjetunion entwickelt hat und sich auf linke Gruppierungen auch außerhalb des sowjetischen Raumes auszudehnen begann.

Der Antizionismus nach Auschwitz, wie ihn die Neue Linke gebrauchte, steht im Kontext des Antiimperialismus[80], eine auf Lenin zurückgehende ideolo-

---

75  Ullrich, Peter: Die Linke, Israel und Palästina. Nahostdiskurse in Großbritannien und Deutschland, Berlin 2008, S.85.

76  Der Allgemeine Jüdische Arbeiterbund (Bund) vertrat zu Beginn des 20. Jahrhunderts antizionistische Positionen, da er im Zionismus im Grunde eine nationalistische Form der Ablenkung der jüdischen Bevölkerung vom eigentlichen Ziel des Klassenkampfes sah. Die Mehrheit der Mitglieder des Bundes traten nach dessen Auflösung 1919/20 den kommunistischen Parteien der entstehenden Sowjetunion bei. Vgl. Keßler, Antisemitismus, Zionismus und Sozialismus, S. 92f.

77  Laqueur, Gesichter des Antisemitismus, S. 18.

78  Benz, Was ist Antisemitismus, S. 203.

79  Sofern nicht explizit vom klassischen Antizionismus gesprochen wird.

80  Dieser marxistisch-leninistische Antiimperialismus muss unterschieden werden von einem Antiimperialismus im weiteren Sinne, der für eine grundsätzliche Ablehnung aller Formen von Okkupation und Kolonialismus steht. Der marxistisch-leninistische Antiimperialismus hinge-

gische Variante des Marxismus, welche im sogenannten Marxismus-Leninismus eine dogmatische Zuspitzung erfahren hat.[81] Im Gegensatz zu klassischen Varianten des Antizionismus beschreibt der antiimperialistische Antizionismus eine in sich gefestigte Ideologie, in deren Mitte die Feindschaft zu Israel zum Ausdruck kommt. Er folgt der simplifizierenden Dichotomie: imperialer Aggressor Israel vs. unterdrücktes palästinensisches Volk. Eine in dieses Muster gedrängte Interpretation des Zionismus legt die manichäische Einfalt dieser antiimperialistischen Antizionismuskonzeption offen. Jene Akteure, die den Zionismus innerhalb solcher Muster stigmatisieren, sollen in dieser Arbeit als Vertreter des antiimperialistischen Antizionismus bezeichnet werden.

Es muss an dieser Stelle konstatiert werden, dass diese Variante des Antizionismus nicht per se antisemitischer Natur ist, aber sie ist, wie auch in dieser Arbeit gezeigt werden wird, besonders anfällig für antisemitische Inhalte. Das liegt im Speziellen daran, dass die marxistisch-leninistische Ideologie stalinistischer Prägung strukturelle Affinitäten zum antisemitischen Weltbild aufweist.[82] Dies wird später in dieser Arbeit noch zu vertiefen sein (4).

Diese Form des Antizionismus ist im Wesentlichen in der Sowjetunion nach dem Zweiten Weltkrieg entstanden und maßgeblich durch die stalinistische Politik und Propaganda etabliert worden. War es zunächst die Sowjetunion, die sich, vor dem Hintergrund des sich herausbildenden Ost-West-Konfliktes, am deutlichsten pro-israelisch positionierte und die Staatsgründung Israels vorantrieb, bekämpfte sie Israel Jahre später als imperialistischen Feind.[83] Die pro-israelische Position war kein Akt sowjetischer Nächstenliebe, sondern beruhte auf dem Kalkül, die Stellung Großbritanniens im Besonderen und des Westens im Allgemeinen im Nahen Osten zu schwächen. In den Jahren 1948–1953, parallel zu den stalinistischen Säuberungen, vollzog die Sowjetunion ihre antizionistische Wende und startete eine „Kampagne gegen den Zionismus, um so zugleich die Juden, die nationale Befreiungsbewegung des jüdischen Volkes und den

---

gen fußt auf der Leninschen Annahme, „dass der Kapitalismus im höchsten Stadium seiner Entwicklung (Monopolkapitalismus) zum Imperialismus geworden sei, der durch gewaltsame Expansion gekennzeichnet ist". Ullrich, Die Linke, Israel und Palästina, S. 42.

81    Siehe ebd., S. 43f.

82    Thomas Haury hat diese strukturelle und funktionale Affinität zwischen Marxismus-Leninismus in akribischer Manier herausgearbeitet. Haury, Thomas: Antisemitismus von links. Kommunistische Ideologie, Nationalismus und Antizionismus in der frühen DDR, Hamburg 2002.

83    Der damalige UN-Botschafter der Sowjetunion Andrej Gromyko hielt am 14. Mai und 26. November 1947 pro-zionistische Reden vor der UN-Vollversammlung, die eine massive Unterstützung der Staatswerdung Israels zum Inhalt hatten. Sofort nach der Staatsgründung erkannte die Sowjetunion Israel an. Auszüge der Reden Gromykos können nachgelesen werden bei: Broder, Henryk M.: Der ewige Antisemit. Über Sinn und Funktion eines beständigen Gefühls, Frankfurt am Main 1986, S. 50-51.

kapitalistischen, demokratischen Westen angreifen zu können"[84]. Der antiimperialistische Antizionismus stieg zum sozialistischen Paradigma auf und beerbte den vorsowjetischen zaristischen Antisemitismus.[85] Die antizionistische Agitation wurde dabei sukzessive mit antisemitischen Inhalten gefüllt und ideologisch zu einem Weltbild verdichtet, in welchem die Existenz Israels als Grundübel galt.[86] Dem Zionismus wurde in dieser antiimperialistisch geprägten Interpretation eine völlig neuartige Bedeutung zuteil, er wurde ideologisch funktionalisiert. Zionismus wurde zu einer „zentralen Metapher innerhalb des marxistisch-leninistischen Weltbildes und war verknüpft mit der Behauptung einer weltweiten Verschwörung anationaler Wallstreet-Kapitalisten, der Dichotomie ‚schaffende Völker' versus ‚Finanzhyänen und Parasiten' und (mit) einer Bedrohung durch die Zersetzungsarbeit getarnter innerer Feinde"[87]. Dabei bediente sich die antizionistische Agitation einer semantischen Spitzfindigkeit, indem sie die Begriffe „Jude" und „Zionist" gewissermaßen synonym setzte.[88] Eine solche Camouflage war für die kommunistische Propaganda essentiell, da man sich als antifaschistisch verstand und jegliche Anbindung zum Antisemitismus vermeiden musste.[89] Entsprechend richtet sich die antizionistische Rhetorik gegen Zionisten und meinte Juden, so dass die Gefahr vermieden wurde, einer rassischen Argumentation anheimzufallen. In der Folge vollzog sich nach Auschwitz innerhalb des sowjetischen Kommunismus, aber auch, wie sich später noch zeigen wird, innerhalb eines Teils der bundesrepublikanischen Linken, eine diskursive Verschiebung, die klassische antijüdische Ressentiments in ein „zeitgemäßes" antizionistisches Gewand kleidete.[90] Insofern entwickelte sich der spätstalinistische Antizionismus zu einer prototypischen Form des Antisemitismus nach Auschwitz. Unmittelbarer Bestandteil antizionistischer Verfolgungsprakti-

---

84  Chesler, Phyllis: Der neue Antisemitismus. Die globale Krise seit dem 11. September, 1. Auflage, Hamburg Berlin 2004, S. 178.

85  Vgl. Claussen, Detlev: Die antisemitische Erbschaft in der Sowjetgesellschaft, in: Brumlik, Micha / Kiesel, Doron / Reisch, Linda (Hg.): Der Antisemitismus und die Linke, Frankfurt am Main 1991, S. 83-95.

86  So schrieb beispielsweise die Komsomolskaja Prawda: „Der Zionismus ist ein unsichtbares, aber riesiges und mächtiges Imperium von Finanzmännern und Industrialisten, ein Imperium, das auf keiner Landkarte der Welt gefunden werden kann, das aber überall im kapitalistischen Lager existiert und tätig ist..." Zitiert nach Broder, Der ewige Antisemit, S. 263.

87  Haury, Thomas: Antisemitismus von links. Kommunistische Ideologie, Nationalismus und Antizionismus in der frühen DDR, Hamburg 2002, S. 429. (=Hervorhebungen im Original)

88  Vgl. Ullrich, Die Linke, Israel und Palästina, S.43.

89  Vgl. Haury, Antisemitismus von links, S. 444f.

90  Vgl. Weiß, Volker: „Volksklassenkampf" - Die antizionistische Rezeption des Nahostkonfliktes in der militanten Linken der BRD, in: Zuckermann, Moshe (Hrsg.): Tel Aviver Jahrbuch für deutsche Geschichte XXXIII. Antisemitismus, Antizionismus, Israelkritik, Göttingen 2005, S. 237.

ken waren Schauprozesse, bei denen neben „Trotzkisten" und „Titoisten" nun auch „Zionisten" als Agenten des US-Imperialismus „entlarvt" und verurteilt wurden.[91] In diesem Zusammenhang wurde den jüdischen Sowjetbürgern vorgeworfen, sie seien „Kosmopoliten". Verschwörungstheoretische Zusammenhänge zwischen „nach Weltherrschaft strebenden Finanzkapitalisten", „zionistischen Monopolkapitalisten" und „jüdischen Kapitalisten" wurden gesponnen. Dahinter verbarg sich die antisemitische Konnotation von der „Weltverschwörung jüdischer Kapitalisten".[92] Derartige antisemitische Stereotype, in antizionistischer Rhetorik verpackt, verbreiteten sich im gesamten Gebiet des Warschauer Paktes und wirkten bis in bundesrepublikanische Gruppierungen der Neuen Linken, der K-Gruppen und der Autonomen hinein. Neben der antizionistischen Agitation sowjetischer Prägung existierte spätestens seit 1975 auch innerhalb der Vereinten Nationen eine Kontinuität antizionistischer Anträge und Diskussionen.[93] Trauriger Höhepunkt bildete hierbei die UNO-Resolution Nr. 3379 vom 10. November 1975, in der Zionismus mit Rassismus gleichgesetzt wurde.[94] Eine solche Analogie, die auch in den Ostblockstaaten und in Teilen der Neuen Linken der BRD Konjunktur hatte, verkennt die historische Tatsache, dass der Zionismus eine Zuflucht für verfolgte und überlebende Juden auf der Welt darstellte und ungebrochen darstellt. Insofern richtet sich ein solch radikaler Antizionismus gegen den Staat Israel als kollektiven Juden.[95] So gesehen transformiert der Antizionismus das Bild des jüdischen Außenseiters auf die Ebene der Staaten.

---

91   Trauriger Höhepunkt bildete der sog. Slánsky-Prozess, der 1952 in Prag gegen Rudolf Slánsky (Sekretär der tschechoslowakischen KP) und dreizehn weitere Spitzenfunktionäre, von denen elf als Juden vorgestellt wurden, geführt wurde. Die Angeklagten wurden beschuldigt, im Dienste des US-Imperialismus Spionage betrieben zu haben. Dabei wurden im ZK-Beschluss „Zionismus", „US-Imperialismus" und „jüdische Kapitalisten" willkürlich in einen Verschwörungszusammen-hang gebracht. Die zionistische Bewegung wurde bezichtigt, einzig den Interessen des USA-Imperialismus und den Interessen der jüdischen Kapitalisten zu dienen. Elf der vierzehn Angeklagten wurden zum Tode verurteilt. Siehe Haury, Antisemitismus von links, S. 393f.; Broder, Der ewige Antisemit, S. 260f.
Der Slánsky-Prozess zeigt aber auch, dass der am Marxismus-Leninismus orientierte Antizionismus bis in die sog. Volksdemokratien ausstrahlte und darüber hinaus in den westeuropäischen KPs Einzug hielt.

92   Vgl. Haury, Antisemitismus von links, S. 394-395; Strobl, Ingrid u.a.: Ehrbarer Antisemitismus? In: Schneider, Wolfgang/ Gröhndahl, Boris (Hg.): Was tun? Über Bedingungen und Möglichkeiten linker Politik und Gesellschaftskritik. Der Konkret Kongress, Hamburg 1994, S. 395f.

93   Vgl. Chesler, Der neue Antisemitismus, S. 179; Broder, Der ewige Antisemit, S. 228-245.
Einen guten Überblick über das ambivalente Verhältnis zwischen der UNO und Israel bietet der Aufsatz: Blum, Yehuda Z.: Israel und die Vereinten Nationen. Eine Retrospektive, in: Gremliza, Hermann L. (Hg.): Hat Israel noch eine Chance? Palästina in der neuen Weltordnung, Konkret Texte 29, Hamburg 2001, S. 190 – 200.

94   Vgl. Steininger, Rolf: Der Nahostkonflikt. Frankfurt am Main 2003, S. 104-109.

95   Vgl. Rensmann, Demokratie und Judenbild, S. 310f.

Es bleibt festzuhalten, dass es zwischen einem klassischen Antizionismus vor und einem antiisraelischem Antizionismus nach Auschwitz zu unterscheiden gilt. Ersterer artikulierte sich vor 1948, war innerjüdischen Ursprungs, kritisierte den Zionismus als jüdischen Nationalismus und befand ihn aus politischer Sicht für nicht fähig, die jüdische Frage – gemessen an der Realität sehr viel näher stehender Konzeptionen wie die der Emanzipation, Integration, Assimilation – zu lösen. Der antiisraelische Antizionismus hingegen war nicht in der Lage, die Staatsgründung Israels als Folge einer epochenübergreifenden Verfolgung der Juden und insbesondere als notwendige Reaktion auf die industrielle Vernichtungsmaschinerie des nationalsozialistischen Rassenantisemitismus zu erkennen, richtete sich gegen das Existenzrecht des Staates Israel und bediente im Zuge marxistisch-leninistischer Funktionalisierung antisemitische Stereotype.

## 2.2 Arbeitsdefinition – Wann wird Israelkritik antisemitisch?

Der vorangegangene Abschnitt dieser Arbeit hat die Wandlungsfähigkeit des Antisemitismus, seine vielen Gesichter und seine Anpassungsfähigkeit offenbart. Die vier vorgestellten Dimensionen des Antisemitismus sind charakteristisch geprägt durch eine Gleichzeitigkeit von Kontinuität und Wandel antisemitischer Stereotypen. Dabei zeigte sich, dass bestimmte Ressentiments, die sich heute im sekundären Antisemitismus oder im Antizionismus verbergen, weitaus tiefer sitzenden Vorurteilsschichten entstammen. Nachweislich arbeiten gerade der sekundäre Antisemitismus und der Antizionismus heute meist per Andeutungen, Codes und Chiffren, da offener Antisemitismus nach der Nazidiktatur tabuisiert ist. Um aber einen eventuellen antisemitischen Gehalt in antizionistischer Agitation von links feststellen und darüber hinaus ein Urteil über die Tiefenschärfe derartiger Ressentiments innerhalb linker Denkmuster und Ideologien einschätzen und beurteilen zu können, müssen Indikatoren erarbeitet werden, die als eine Art Hintergrundschablone für diese Arbeit fungieren sollen. Wie aber kann ein Antisemitismus, der sich hinter einer antizionistischen Agitation verbirgt, messbar gemacht werden? Wirklich messen, im Sinne einer klaren Zuordbarkeit von Ressentiment und einer entsprechenden antisemitischen Gewichtung lässt sich ein solcher *néo-antisémitisme*[96] kaum. Zu suggestiv und latent sind seine Erscheinungsformen. Die Frage nach dem antisemitischen Gehalt des Antizionismus ist mit einer weiteren Frage eng verknüpft: Wo endet legitime Israelkritik und wo beginnt Antisemitismus? Sofern es also keine eindeutige Definition mit entsprechender Tiefenschärfe hinsichtlich einer eindeutigen Beurteilung, ab

---

96     Givet, Jacques: La Gauche contre Israël? Essais sur le néo-antisémitisme, Paris 1968.

wann Israelkritik antisemitisch ist, geben kann, soll zumindest ein Kriterienkatalog erstellt werden, der als analytischer Bezugsrahmen im Hinblick auf antisemitische Einstellungen herangezogen werden kann. Es haben sich bereits diverse Autoren an der Erstellung bestimmter Kriterien versucht, die die Grenze zwischen legitimer Israelkritik und Antisemitismus aufzeigen sollen.[97] Nach dieser Tradition werden im Folgenden Kriterien erarbeitet, wohl wissend, dass trotz durchdachter Indikatoren immer Zweifelsfälle bleiben.

## *Täter-Opfer-Umkehr bzw. NS-Vergleiche*

Eine häufig gebrauchte Strategie überzogener Israelkritik zeigt sich in der Verwendung von Nazi-Analogien. Eine Dämonisierung und Diffamierung des demokratischen Staates Israel als Produzent eines „neuen Holocaust" bzw. die Gleichsetzung der israelischen Palästinenserpolitik mit der Vernichtungsmaschinerie des Dritten Reiches stellt zum einen eine unangemessene Relativierung dar und markiert zum anderen eine Täter-Opfer-Umkehr, die darauf abzielt, die Opfer von gestern zu den Tätern von heute zu machen. Insofern ist hier ein sekundär antisemitisches Verhalten zu konstatieren, da ein solcher Vergleich als Relativierung der eigenen Schuld betrachtet werden kann und daher der Erinnerungsabwehr bezüglich der NS-Vergangenheit dient.[98] Dazu gehört auch die in der radikalen Linken vor allem in den 1970er Jahren übliche Identifikation von Zionismus als Rassismus.

---

97  Analoge Kriterien entwickeln folgende Autoren, deren Argumentationsmuster in die Erstellung der Arbeitsdefinition mit eingeflossen sind: Rensmann, Lars: Zwischen Kosmopolitanismus und Ressentiment: Zum Problem des sekundären Antisemitismus in der deutschen Linken, in: Brosch, Matthias u.a. (Hrsg.): Exklusive Solidarität: Linker Antisemitismus in Deutschland. Vom Idealismus zur Antiglobalisierungsbewegung, Berlin 2007, S. 171; Kloke, Martin: Antizionismus und Antisemitismus als Weltanschauung? Tendenzen im deutschen Linksradikalismus und -extremismus, in: Bundesministerium des Inneren (Hrsg.): Texte zur inneren Sicherheit. Extremismus in Deutschland. Erscheinungsformen und aktuelle Bestandsaufnahmen, Berlin 2004, S. 196; Kriener, Tobias: Wann wird Israelkritik antisemitisch? In: Zeichen. Zeitschrift der Aktion Sühnezeichen Friedensdienste e. V., Heft Nr. 4, o. O. 2004, S. 10; Kilpert, Daniel: Links und judenfeindlich in: Tribüne Heft 169, o. O. 2004; Gessler, Phillip: Der neue Antisemitismus. Hinter den Kulissen der Normalität, Freiburg 2004, S. 10-15; Bergmann, Werner/ Wetzel, Juliane: Manifestations of Anti-Semitism in the European Union. First Semester Report 2002. Synthesis Report, Wien 2003; Klug, B.: The collective Jew. Israel and the new Anti-Semitism, in Patterns of Prejudice 37, o.O. 2003, S. 120f.; Heyder, Aribert/ Iser, Julia/ Schmidt, Peter: Israelkritik oder Antisemitismus? Meinungsbildung zwischen Öffentlichkeit, Medien und Tabus, in: Heitmeyer, Wilhelm (Hrsg.): Deutsche Zustände. Folge 3, 1. Aufl., Frankfurt am Main 2005, S. 146-147.

98  Vgl. Heyder u.a., Israelkritik oder Antisemitismus?, S.149f.

*Selbstverschuldeter Antisemitismus*

Ein weiteres Indiz für einen antisemitischen, als Israelkritik getarnten Gehalt, ist die Verwendung des Ressentiments vom selbstverschuldeten Antisemitismus. „Der Jud ist selbst schuld", heißt es nach dieser Lesart.

*Doppelte Standards – Zweierlei Maß*

Nicht selten wird die Politik Israels im Vergleich zu Politiken anderer Staaten mit zweierlei Maßstäben be- und verurteilt. Die Bezeichnung „Staatsterrorismus" für israelische Militäraktionen bzw. –reaktionen bei gleichzeitiger Verharmlosung der Hamas und ihrer Selbstmordattentäter fallen in ein solches Muster der unterschiedlichen Maße.[99] Auch verzerrte Darstellungen, bei denen islamische Diktaturen im Vergleich zum „Aggressor" Israel als friedfertig verharmlost werden, zählen dazu.

*Mythos von der jüdischen Weltverschwörung*

Ein zentraler Topos des politischen Antisemitismus ist die Behauptung, dass Juden bzw. Israel zuviel Einfluss in der Welt hätten bzw. es eine weltweite zionistische Verschwörung gäbe. In diese Argumentationsmuster fällt auch der Mythos über den angeblich dominierenden Einfluss der „jüdischen Lobby" auf die US-Politik. Oftmals auch in Bezug auf die Debatte um die terroristischen Anschläge des 11. September 2001.[100]

*Übertragung klassischer antisemitischer Stereotype*

Antisemitische Tendenzen liegen vor, sofern alte antijüdische Stereotype auf Israel projiziert werden und in der Folge Israel zum „kollektiven Juden" erhoben wird. Die Rede vom besonders „skrupellosen", vom „rachsüchtigen" Israeli bzw. eine einseitige Identifikation der pluralistisch multikulturellen Demokratie Israels ausschließlich mit Militär und Gewalt ist Ausdruck einer möglichen Reaktivierung klassischer Ressentiments. Nicht wenige sehen Israel in der agierenden Rolle des Aggressors, der mit unverhältnismäßiger Gewalt unschuldige Palästinenser unterdrückt.[101] Alte antijüdische Vorurteile vom besonders „aggressiven"

---

99　Vgl. Rensmann, Zwischen Kosmopolitanismus und Ressentiment, S. 171f.
100　Vgl. Kriener, Wann wird Israelkritik antisemitisch?, S. 10.
101　Laut einer Emnid-Umfrage „Eurobarometer" stuft die Mehrheit der Bürger der EU Israel, von zwölf aufgeführten Staaten, als aggressivsten Staat ein. Für 65% der Deutschen stellt Israel damit die größte Bedrohung dar, noch vor Staaten wie Iran oder Nordkorea. Die Ergebnisse der Studie waren allerdings nicht unumstritten. Kritisiert wurde beispielsweise, dass zur Auswahl nur souveräne Staaten standen. Vgl. Benz, Was ist Antisemitismus, S. 201f.

Juden werden folglich reaktiviert. Oftmals werden solche antisemitische Stereotype verdeckt transportiert. Das hat auch damit zu tun, dass die europäische Kultur tief geprägt ist von Judenfeindlichkeit.[102] Dabei wurden beschriebene Vorurteilsmuster gesellschaftlich wie kulturell absorbiert und bewusst oder unbewusst
kultiviert. Eine solche Kultivierung bzw. Sozialisierung von Stereotypen hat
dafür Sorge getragen, dass sich Ressentiments und vor allem Bilder und Motive,
die solche Ressentiments auslösen, im Alltagsdenken tief eingegraben haben und
nur sehr schwer zu erkennen sind. So ist etwa die Konstruktion vom Judentum
als einer Vergeltungsreligion – häufig auf die Formel „Auge um Auge, Zahn um
Zahn" gebracht, sobald von einer israelischen Militäraktion die Rede ist – als
verdecktes Stereotyp zu werten.[103] In diesem Zusammenhang stellt Wolfgang
Benz fest:

> „Zur Methode judenfeindlicher Agitation gehört nämlich die Verwen-
> dung von Stereotypen in suggestiver Absicht und die Stimulierung von
> negativen Assoziationen wie Rachsucht, Auserwähltsein, religiöser Ex-
> klusivität."[104]

## Kollektive Haftung

Sofern Juden außerhalb Israels für die Politik Israels verantwortlich gemacht
werden, sich also eine Kritik an Israel auf eine generelle Kritik an allen Juden
ausdehnt, sind antisemitische Tendenzen feststellbar.[105] Jüdische Bürger werden
zu Repräsentanten israelischer Politik und infolgedessen zur Zielscheibe von
öffentlichen Angriffen und Diskriminierungen.[106] Eine derartige kollektive In-
haftnahme verdeutlichten beispielsweise die nicht etwa vor israelischen Bot-
schaften, sondern vor Synagogen durchgeführten Demonstrationen gegen den
Krieg Israels im Libanon in den 1980er Jahren.[107]

---

102  Vgl. Kriener, Wann wird Israelkritik antisemitisch?, S. 10.
103  Der biblische Vers „Auge um Auge, Zahn und Zahn" (Zweites Buch Mose, Kap. 21, Vers 24)
     ist in bestimmten Zusammenhängen eine gängige antijüdische Metapher und dient als Chiffre
     der Rachsucht und Vergeltung. Sie steht für die „Suggestion eines aus der Bibel hergeleiteten
     ‚Geistes der Rache', der dazu diene, die Fiktion einer seit dem Altertum tradierten ‚jüdischen
     Mentalität' zu erzeugen und sie zur Erklärung politischer Sachverhalte zu instrumentalisieren".
     Benz, Was ist Antisemitismus, S. 205.
     Bereits Hitler und der „Stürmer" wussten dieses biblische Zitat in diesen antisemitischen Kon-
     text zu stellen. Der Antisemitismusforscher Wolfgang Benz zeigt eindrücklich, wie unreflek-
     tiert diese Metapher, im Besonderen seit der zweiten Intifada 2000, in deutschen Leitmedien,
     vom Spiegel bis zur FAZ am Sonntag, Verwendung findet. Näheres siehe Benz, Was ist Anti-
     semitismus, S. 204-208.
104  Benz, Was ist Antisemitismus, S. 207.
105  Vgl. Gessler, Der neue Antisemitisus, S. 10.
106  Vgl. Heyder u.a., Israelkritik oder Antisemitismus?, S.148-149.
107  Vgl. Kilpert, Links und judenfeindlich, S. 120.

*Infragestellung des Existenzrechtes Israels*

Ein weiteres Kriterium, das zur Unterscheidung von legitimer Israelkritik und antisemitischen Inhalten herangezogen werden kann, ist die Delegitimierung des israelischen Staatswesens, sofern es beispielsweise als Fremdkörper innerhalb der arabischen Welt bezeichnet wird.[108] Außerdem wird das Kriterium erfüllt, sobald Israel als „abstrakte Macht" ein „konkretes Volk" der Palästinenser gegenübergestellt bekommt und damit dem israelischen Staat Künstlichkeit unterstellt wird. Eine solche Argumentationskette kann dann schnell in der völligen Negierung des israelischen Existenzrechtes münden. Wer Israel das Existenzrecht abspricht, kann im Grunde nur dann kein Antisemit sein, sofern er dies bei allen anderen Staaten auch macht, Staatlichkeit also per se in Frage stellt. Dann bliebe aber immer noch zu fragen, warum mit der Infragestellung von Staatlichkeit unbedingt bei Israel begonnen werden muss.[109] Abraham Foxman, der *national director* der *Anti-Defamation League* (ADL) in den USA konstatiert, der Antizionismus sei nur in dem Falle unbedenklich, sofern die Staatlichkeit eines jeden anderen Staates in Frage gestellt würde. Aus seiner Sicht sind, „most of the current attacks on Israel and Zionism [...] not, at bottom, about the policies and conduct of a particular nation-state. They are about Jews"[110].

*Antisemitische Separation*

Antisemitische Separation findet statt, sofern beispielsweise Deutsche jüdischen Glaubens eine besondere Nähe und Loyalität zu Israel unterstellt und gleichzeitig die Loyalität zu Deutschland in Frage gestellt wird. Folglich findet eine Separation von der bundesdeutschen Gesellschaft statt.[111] Ein jüdischer Mitbürger wird auf die Art zum Parteigänger Israels, ja quasi zum Israeli erklärt, indem ihm die eigene Nationalität aberkannt wird.

Der dargestellte Kriterienkatalog zeigt, dass Israelkritik immer dann zur Judenfeindschaft tendiert, wenn Vorurteile und Klischees Verwendung finden, die mit den eigentlich zu kritisierenden Vorgängen wenig bis gar nichts zu tun haben und dabei Assoziationen hervorrufen, die noch tiefere Vorurteilschichten freilegen.

---

108  Vgl. Rensmann, Zwischen Kosmopolitanismus und Ressentiment, S. 171f.
109  Analog dazu stellt Michael Walzer fest: „Wenn man gegen das Prinzip des Nationalstaats ist und ihn abschaffen will, dann ist aber Israel der falsche Ort, damit anzufangen." Walzer, Michael: Über linke Israel-Kritik. Ein Gespräch, in: Rabinovici, Doron/ Speck, Ulrich/ Sznaider, Natan (Hrsg.): Neuer Antisemitismus? Eine globale Debatte, Frankfurt am Main 2004, S. 52.
110  Foxman, Abraham H.: Never Again? New York 2003, S. 18.
111  Vgl. Heyder (u.a.), Israelkritik oder Antisemitismus?, S.148.

Es bleibt festzuhalten, dass Israel in all diesen Formen der Israelfeindschaft als projektives Zerr- und Feindbild eines staatlich kollektivierten Juden erscheint.

> „Als besondere Form von Antisemitismus hat sich aus solcher Israelkritik als Antizionismus ein Surrogat der Judenfeindschaft etabliert, das eigene Funktion hat, nämlich Nebenwege zu öffnen, auf denen mit scheinbar rationalen Argumenten Abneigung gegen Juden transportiert werden kann."[112]

Folglich ist es ratsam, mehrere der genannten Kriterien in Verbindung zu setzen, um eine antisemitische Israelkritik attestieren zu können, die auf ein geschlossenes Weltbild hinausläuft. Dass dies in der Neuen Linken eine spezifische Ausformung findet, soll im weiteren Verlauf noch näher gezeigt werden.

Natürlich ist nicht jede einseitige Kritik an Israel notwendig antisemitisch. Und es steht außer Frage, dass Kritik an der Politik Israels geübt werden darf, geübt werden muss und im Übrigen auch geübt wird. Kaum ein Thema hat eine derartige mediale Präsenz und wird aus allen politischen Richtungen kritisch beäugt, wie das Themenfeld Israel – Nahostkonflikt. Der Vorwurf, der in diesem Zusammenhang nicht selten laut wird, man dürfe Israel nicht kritisieren, da bei jeglicher Kritik die sprichwörtliche „Antisemitismuskeule" geschwungen würde, ja es bestünde de facto ein Kritikverbot, ist haltlos.[113] Eine derartige Argumentation kann leicht in eine antisemitische Rhetorik laufen, da der Weg zum antisemitischen Stereotyp nach Art einer „jüdischen Beherrschung der Medien" nicht mehr allzu fern scheint.[114]

Das Verhältnis von Antisemitismus und Antizionismus bzw. die Unterscheidbarkeit legitimer Israelkritik von antisemitischer ist nicht nur in der Antisemitismusforschung ein viel diskutiertes Thema. Gerade innerhalb der Linken war man stets bemüht zu betonen, dass Antizionismus und Antisemitismus nicht gleichzusetzen sind. Empirische Studien hingegen legen die Überschneidung von Antisemitismus und Antizionismus offen.[115] Zwar weist tatsächlich nicht jeder selbst ernannte „Antizionist" notwendigerweise hohe Antisemitismuswerte auf. Es wird jedoch festgestellt, dass die antisemitische Einstellung zunimmt, je radikaler die antizionistische Überzeugung ist. Mit Zunahme

---

112  Benz, Was ist Antisemitismus, S. 203
113  Über die Legende vom Kritikverbot als inszenierter Tabubruch kann nachgelesen werden, bei: Widmann, Peter: Israelkritik und Antisemitismus. In: Benz, Wolfgang: Der Hass gegen die Juden. Dimensionen und Formen des Antisemitismus, Berlin 2008, S. 141-143.
114  Vgl. Kübler, Elisabeth: Antisemitismusbekämpfung als gesamteuropäische Herausforderung. Eine vergleichende Analyse der Maßnahmen der OSZE und der EUMC, Diplomarbeit, Wien 2004, S. 98-100.
115  Vgl. Bergmann, Werner/ Erb, Rainer: Antisemitismus in der Bundesrepublik Deutschland. Ergebnisse der empirischen Forschung von 1946-1989, Opladen 1991, S. 191f.

der antizionistischen Einstellung steigt auch der Antisemitismus. Das gilt auch im umgekehrten Fall. Bergmann und Erb stellen fest, dass „die von der Publizistik immer wieder vorgenommene Identifikation von Antizionismus und Antisemitismus (...) in diesem Ergebnis eine gewisse Bestätigung gefunden [hat]"[116].

## 2.3  „Die" Linke gibt es nicht – Worüber wir reden, wenn wir von Linken reden

Wenn im Verlaufe dieser Arbeit *die* Linken oder *die* Neuen Linken Erwähnung finden, so soll dies natürlich nicht darüber hinwegtäuschen, dass eine einheitliche Linke, welche durch die Verwendung „die" Linke impliziert wird, in der Realität nicht existent ist. Generalisierungen sind aber notwendig, um überhaupt vielschichtige Phänomene fassbar zu machen. Es sind vereinfacht-schematische Verzerrungen einer überaus komplexen Realität. Wissenschaftliche Arbeit muss zwar immer zum Ziel haben, sich so exakt wie möglich auszudrücken. Ein solches Beharren auf Genauigkeit kann aber in eine Sackgasse navigieren bzw. bei dem berüchtigten infiniten Regress enden und dazu führen, historisches Forschen aufzugeben. Verallgemeinerungen sind immer auch notwendiges heuristisches Mittel, um überhaupt in Kommunikation treten zu können. Insofern sind Generalisierungen auch eine Form des Erkenntnisgewinns.

Die sogenannte Neue Linke, deren Verhältnis zu Israel hier Gegenstand der Untersuchung ist, stellt einen Sammelbegriff dar, hinter dem sich ein breites und differentes Spektrum von Gruppierungen verbirgt, die ihre Genese im Wesentlichen der sogenannten 68er-Studenten-Bewegung verdanken.[117] Der Versuch, sich vom „real existierenden Sozialismus" sowjetischer Prägung auf der einen und von der Sozialdemokratie auf der anderen Seite abzugrenzen, um eine eigene sozialistische Konzeption jenseits dieser Pole zu verfolgen, war konstitutiv für diese Bewegung. Dennoch beinhaltete ihr neues Konzept weiterhin Versatzstücke marxistischer Theorien, gerade im Bereich der Gesellschafts- und Kapitalismuskritik.[118] Das politische Selbstverständnis wurde gefüttert mit Attributen wie „undogmatisch", „antiautoritär", „antikapitalistisch" und „revolutionär", von

---

116  Ebd., S. 194.
117  Vgl. Kloke, Martin: Antizionismus und Antisemitismus als Weltanschauung? Tendenzen im deutschen Linksradikalismus und –extremismus, in: Bundesministerium des Inneren (Hrsg.): Texte zur inneren Sicherheit. Extremismus in Deutschland. Erscheinungsformen und aktuelle Bestandsaufnahmen, Berlin 2004, S. 168.
118  Vgl. Kailitz, Steffen: Politischer Extremismus in der Bundesrepublik Deutschland, Wiesbaden 2004.

„systemkritisch" bis „systemverändernd".[119] Ein weiteres Strukturmerkmal stellt der Bezug zum Faschismus dar. Dieser wurde quasi an zwei Fronten bekämpft. Einmal in der Auseinandersetzung mit der nationalsozialistischen Vergangenheit und zum anderen im Aufspüren und Bekämpfen „faschistischer" Strukturen der Gegenwart. Darüber hinaus richtete sich die Neue Linke „internationalistisch" und „antiimperialistisch" aus, was sich speziell im Verhältnis zu den antiimperialistischen nationalen Befreiungsbewegungen in der „Dritten Welt" niederschlug. Der Vietnamkrieg hat im besonderen Maße die Solidaritätswelle der Neuen Linken mit den „Befreiungsbewegungen" katalysiert.[120] Die USA wurden in diesem Kontext als Führungsmacht eines weltweit agierenden Imperiums gesehen. Insofern können Antiamerikanismus[121] und Antiimperialismus als die großen gemeinsamen Identifikationsmuster einer ansonsten heterogen Linken gesehen werden.[122] Nach Ansicht der Neuen Linken lag über den USA und ihren westlichen Verbündeten ein Deckmantel scheinbarer Demokratie, der die tatsächlichen kapitalistischen Machtstrukturen überlagerte. Ausbeutung, Unterdrückung und strukturelle Ungerechtigkeiten kennzeichneten dieser Auffassung zufolge das kapitalistische System, wurden aber von der Mehrheit nicht erkannt, da diese in Gestalt der Arbeiter ebenfalls von der „imperialistischen Ausbeutung" in der Dritten Welt profitierten.[123] In den nationalen Befreiungsbewegungen der Dritten Welt aber wurden die in Europa überdeckten Klassengegensätze offenkundig und führten zu Aufständen. Ein Erfolg der antiimperialistischen Bewegungen musste nach dieser Logik auch zu einem Aufbrechen der Klassengegensätze in der Bundesrepublik führen. Die einseitige Solidarität mit den sogenannten Befreiungsbewegungen kann aber auch als eine Art Ersatznationalismus gelesen werden. Nach dieser Lesart wurden die eigenen nationalen Sehnsüchte auf die

---

119  Vgl. Reiter, Margit: Unter Antisemitismusverdacht. Die österreichische Linke und Israel nach der Shoah, Innsbruck 2001, S. 12f.

120  Vgl. Klimke, Martin/ Mausbach, Wilfried: Auf der äußeren Linie der Befreiungskriege. Die RAF und der Vietnamkonflikt, in: Kraushaar, Wolfgang (Hrsg.): Die RAF und der linke Terrorismus, Bd. 1, Hamburg 2006. S. 622ff.

121  Antiamerikanismus steht für die „Verallgemeinerung und Substantialisierung bestimmter negativer (vermeintlich) ‚amerikanischer' Merkmale zu Wesenszügen der USA bzw. der ‚Amerikaner'. [...] Amerika wird dabei nicht nur dafür kritisiert, was es tut, sondern dafür, was es vermeintlich ‚ist'". Schwaabe, Christian: Antiamerikanismus in der deutschen Linken, in: Brosch, Matthias/ Elm, Michael/ Geißler, Norman/ Simbürger, Britta Elisa/ von Wrochem, Oliver (Hrsg.): Exklusive Solidarität. Linker Antisemitismus in Deutschland. Berlin 2007, S. 225. Interessanterweise ist der Antiamerikanismus in der Linken bis 1945 relativ schwach ausgeprägt. Bis zu jener Zeit verbanden Linke die USA mit der Hoffnung auf eine demokratische Zukunft. In der Neuen Linken ist der Antiamerikanismus eng mit einer Kapitalismuskritik verbunden und steht in engem Zusammenhang mit Antiimperialismus. Vgl. ebd., S. 226ff.

122  Vgl. ebd., S. 231f..

123  Vgl. Fetscher, Iring/ Rohrmoser, Günter et al.; Bundesministerium des Inneren (Hrsg.): Ideologien und Strategien, Bd. 1, Analysen zum Terrorismus, Opladen 1981, S. 206f.

Nationalbewegungen in Asien, Afrika und Lateinamerika projiziert, da der deutsche Nationalstaat belastet war. Insofern kann die Frage gestellt werden, ob der angestrebte Internationalismus nicht letztlich ein verkappter Nationalismus gewesen war. Ja, ob ein Eintreten für das „palästinensische Volk" nicht eher Ausdruck für nationale Befindlichkeiten gewesen war, ein Surrogat für linksnationale Bedürfnisse.

In den 1970er Jahren ging die Neue Linke in eine Vielzahl radikaler Gruppierungen auf: In Kaderparteien und Studentenorganisationen maoistischer, trotzkistischer, marxistisch-leninistischer Prägung und antiimperialistische Solidaritätskomitees, die zu den Hauptträgern des Antizionismus wurden, bis hin zu den terroristischen „Gruppen des bewaffneten Kampfes".[124] Viele dieser Gruppierungen lösten sich Ende der 1970er Anfang der 1980er Jahre unter dem Einfluss der Friedens- und Ökologiebewegung auf und kehrten in die Mitte der Gesellschaft zurück.[125]

Insgesamt versucht die vorliegende Arbeit ein breites Spektrum (neu-)linker Strömungen zu erfassen, ohne dabei den Anspruch erheben zu wollen, die Beziehungen neu-linker Gruppierungen zu Israel in ihrer Gänze zu erfassen. Vielmehr wird sich diese Arbeit darum bemühen, die für das Verhältnis zwischen Israel und der Neuen Linken als exemplarisch geltenden Daten herauszufiltern. Im Fokus dieser Arbeit stehen folglich jene Akteure, die sich antizionistisch ausgerichtet haben und sich auf der Achse – imperialer Aggressorstaat Israel vs. unterdrücktes palästinensisches Volk – verorten.

---

124   Vgl. Reiter, Unter Antisemitismusverdacht, S. 12f.; vgl. Kloke, Antizionismus und Antisemitismus als Weltanschauung?, S. 168.

125   Vgl. Kloke, Antizionismus und Antisemitismus als Weltanschauung?, S. 168.

# 3 Entstehung und Entwicklung des Antizionismus in der BRD nach 1945

Im nachfolgenden Abschnitt geht es nicht um eine historische Darstellung der Ereignisse des Nahost-Konfliktes. Im Fokus steht das Bemühen, die antisemitischen Ausschläge eines Antizionismus der Neuen Linken in seinem historischen Kontext zu analysieren.

## 3.1 Pro-Israelismus vor 1967 – Aus „Jud Süß" wird „Nathan der Weise"

Nach Ende des Zweiten Weltkrieges begann die Auseinandersetzung mit den Verbrechen der Nationalsozialisten im Allgemeinen und der Judenvernichtung im Besondern zunächst relativ verhalten. Auf Seiten der Konservativen fand eine Aufarbeitung des Nationalsozialismus bis weit in die 1950er Jahre im Grunde nicht statt.[126] Und auch in der Nachkriegslinken ist nach Kriegsende kein ernsthafter Versuch einer Ursachenanalyse des Antisemitismus unternommen worden.[127] Der Gründung Israels im Mai 1948 wurde seitens der deutschen Öffentlichkeit wenig Beachtung geschenkt. Der sich zuspitzende Konflikt im Nahen Osten schien in den Augen von Politik und politischer Öffentlichkeit mit der Judenpolitik der Deutschen nichts zu tun zu haben.[128] Ende der 1940er Jahre gelangte die Forderung einer Wiedergutmachung – in Form einer materiellen Entschädigung für die jüdischen Opfer – auf die Agenda von SPD und linkskatholischen Kreisen.[129] Die Reparationsthematik gewann an Dynamik und erreich-

---

126  Speziell in der CDU wurde eine Strategie des Schweigens verfolgt. Adenauer war der Überzeugung, die Deutschen würden eine Aufarbeitung der jüngsten Vergangenheit nicht bewältigen können. Vgl. Fichter, Tilman: Der Staat Israel und die neue Linke in Deutschland. In: Schneider, Karlheinz/ Simon, Nikolaus (Hrsg.): Solidarität und deutsche Geschichte. Die Linke zwischen Antisemitismus und Israelkritik, Dokumentation einer Arbeitstagung in der Evangelischen Akademie Arnoldshain, Schriftenband 9, Berlin 1984, S. 88f.

127  Vgl. ebd., S. 84f.

128  Vgl. Kloke, Martin: Zwischen Scham und Wahn. Israel und die deutsche Linke 1945-2000, in: Gremliza, Hermann L. (Hrsg.): Hat Israel noch eine Chance? Palästina in der neuen Weltordnung, Konkret Texte 29, Hamburg 2001, S. 208f.

129  Vgl. Hanloser, Gerhard: Bundesrepublikanischer Linksradikalismus und Israel - Antifaschismus und Revolutionismus als Tragödie und als Farce, in: Tel Aviver Jahrbuch für deutsche Geschichte XXXIII, Antisemitismus, Antizionismus, Israelkritik, Göttingen 2005, S. 187f.

te schließlich auch Konrad Adenauer und die Union, so dass im September 1952 nach langen Verhandlungen ein Entschädigungsgesetz im Bundestag verabschiedet werden konnte. Die Bundesrepublik erklärte sich bereit, Reparationsleistungen in Höhe von 3,5 Milliarden DM bereitzustellen, die größtenteils an den Staat Israel zu richten waren. Interessanterweise enthielten sich viele Abgeordnete von CDU/CSU und FDP der Stimme, so dass das Wiedergutmachungsabkommen nur mit Hilfe der SPD eine Mehrheit im Bundestag finden konnte.[130] Die KPD stimmte sogar gegen das Abkommen und bewies damit ihre Loyalität gegenüber der Sowjetunion, die ihren anti-israelischen Kurswechsel bereits begonnen hatte. Auf bundesrepublikanischer Seite leitete nun das Wiedergutmachungsabkommen einen allgemeinen Einstellungswandel zum israelischen Staat ein, der Israel jetzt nicht nur auf die politische Landkarte katapultierte, sondern darüber hinaus eine pro-israelische Welle ins Rollen bringen sollte. Sozialdemokratie, linksliberale und christliche Linke setzten sich an die Spitze einer Israel-Solidarität, die gleichzeitig auch einer innenpolitischen Oppositionshaltung gegenüber dem restaurativen Adenauer-Staat verschrieben war. Die Israelbegeisterung wuchs zu einem allgemeinen Philosemitismus[131] heran, der durch seinen verklärt glorifizierenden Charakter neue Stereotype erzeugte. Martin Kloke schreibt passend dazu: „Dem Hetzbild des ‚Jud Süß' wurde Lessings ‚Nathan der Weise' entgegengesetzt."[132] Israel stieg nach Ansicht großer Teile der Linken plötzlich zu einem „antikolonialistischen Pionierstaat" auf und wurde nicht zuletzt aufgrund der Kibbuz-Bewegung zu einem sozialistischen Vorzeigestaat stilisiert, mit dem sich linke Hoffnungen und Visionen nach gesellschaftlich organisierten Alternativmodellen verbanden. In Folge dieser Israelfixierung geriet die Situation der Palästinenser völlig aus dem Blickfeld: „*Nahost*wahrnehmung war *Israel*wahr-

---

130   Vgl. Simon, Nikolaus: Deutsche Geschichte und Solidarität. Die Israel-Palästinadiskussion in der deutschen Linken und der neuen Friedensbewegung, in: Deutsche, Linke, Juden. Ästhetik und Kommunikation, Heft 51 1983, S. 103f.

131   Mit der Bezeichnung Philosemitismus ist keineswegs das Gegenteil von Antisemitismus gemeint; vielmehr fußen beide Phänomene auf Vorurteilen, die allerdings beim Philosemitismus in Form übersteigerter moralischer Erwartungshaltungen transportiert werden. Das ökonomische und das politische antisemitische Stereotyp philosemitisch auf die frühe BRD gewendet, hieße zu glauben, Juden könnten aufgrund ihrer besonderen Erbanlagen und ihres Zugangs zum „internationalen jüdischen Kapital" einen Beitrag zur wirtschaftlichen Genesung Deutschlands beitragen und darüber hinaus mittels ihrer weltweiten Verbindungen zwischen Deutschen und den Besatzungsorganen vermitteln. Siehe Ober, Josef: „Zyonismus..." Die von Moskau angeordnete antisemitische Kampagne in der DDR in den Jahren 1952/1953 und ihre Umsetzung in der marxistisch-leninistischen „Presse neuen Typus", Politische und psychologische Konflikte in einem diktatorischen Propagandasystem, Dissertation, 1. Aufl., Berlin 2007, S. 23f; Stern, Frank: Philosemitismus statt Antisemitismus. Entstehung und Funktion einer neuen Ideologie in Westdeutschland, in: Benz, Wolfgang (Hrsg.): Zwischen Antisemitismus und Philosemitismus. Juden in der Bundesrepublik, Band 1, Berlin 1991, S. 47-63.

132   Kloke, Zwischen Scham und Wahn, S. 209.

nehmung."[133] Den Alleinvertretungsanspruch in Bezug auf die israelischen Solidaritätsbekundungen verloren die linksgerichteten Gruppierungen 1965 schließlich mit der Aufnahme diplomatischer Beziehungen der Adenauer-Regierung zu Israel. Hatte zunächst das außenpolitische Dogma in Form der Hallstein-Doktrin[134] dafür Sorge getragen, dass Bonn solange keine offiziellen Beziehungen zu Tel Aviv aufnehmen werde würde, solange die arabischen Staaten die diplomatische Anerkennung der DDR verweigerten, sah sich die Bonner Regierung im Februar 1965, nachdem der DDR-Staatsratsvorsitzende Ulbricht in Kairo entgegen der Philosophie der Hallstein-Doktrin empfangen worden war, in der Pflicht, bilaterale Beziehungen zu Israel aufzunehmen. Die damit eingeleitete *Normalisierung* der Beziehungen zwischen der Bonner Regierung und Israel stieß die in ihrer Entstehung begriffene Neue Linke in eine Identitätskrise. Der von staatswegen begonnene Paradigmenwechsel erschwerte es der Linken „zwischen pro-israelischem Engagement und kritischer Auseinandersetzung mit der eigenen Gesellschaft einen Zusammenhang herzustellen"[135]. Im Zuge der Neupositionierung der Bundesregierung repositionierte sich auch die aufkommende Neue Linke. Eine der ersten Gruppierungen, die ihre Einstellung zu Israel radikalisierte, war der *Sozialistische Deutsche Studentenbund* (SDS). So zeichnete sich ab Mitte der 1960er Jahre innerhalb der sich herausbildenden außerparlamentarischen Opposition ein Kurswechsel ab, der zwar zunächst noch der Leitlinie einer besonderen historischen Verantwortung und einer Nichtinfragestellung des Existenzrechtes Israels folgte, im Laufe des Sechs-Tage-Krieges 1967 aber, als Israel sich der Eskalations- und Umklammerungsstrategie arabischer Anrainer-Staaten mittels eines Präventivschlags zu erwehren beabsichtigte, einen antizionistischen Anstrich erhielt.[136]

## 3.2 Die antizionistische Wende nach 1967

Noch zu Beginn des Sechs-Tage-Krieges Anfang Juni 1967 kam es zu zahlreichen pro-israelischen Solidaritätsbekundungen von Seiten linker Gruppierungen. Israel setzte sich schließlich militärisch gegen einen zahlenmäßig überlegenen arabischen Gegner, der von der Sowjetunion ausgerüstet worden war, durch und

---

133 Ullrich, Die Linke, Israel und Palästina, S. 141. (=Hervorhebung im Original)
134 Benannt nach Walter Hallstein, beinhaltete sie den Grundsatz, diplomatische Beziehungen zu Ländern abzubrechen, die die DDR völkerrechtlich anerkannten. Insofern postulierte die Doktrin den Alleinvertreteranspruch der BRD für ganz Deutschland. 1972 wurde die Hallsteindoktrin aufgegeben.
135 Kloke, Zwischen Scham und Wahn, S. 211.
136 Vgl. ebd., S. 212f.

entfachte eine pro-israelische Begeisterung in bürgerlich-konservativen Kreisen der Bundesrepublik. Israel schien sich endgültig im Koordinatensystem des Kalten Krieges auf Seiten der USA zu positionieren und folglich Teil des Westens geworden zu sein. Die außerparlamentarische Linke quittierte dies mit der Aufkündigung des israelfreundlichen Konsens.[137] Eine gegen die Elterngeneration bewusst ausgeübte pro-jüdische, also pro-israelische Positionierung hatte nun ihre oppositionelle Sprengkraft verloren. Wenn Springer für Israel sei, dann müsse man als Linker nun dagegen sein, lautete das neue Credo.[138] Israel schien in den Augen der Neuen Linken nun Teil des „US-Imperialismus" zu sein und imperiale Ansprüche zu verfolgen. Die philosemitische Mär vom Juden als dem besseren Menschen fiel in sich zusammen. Galt Israel gerade noch als Hort der Sympathie, als Zufluchtsort der verfolgten Juden, erschien es nach seinem schnellen militärischen Erfolg als „skrupelloser Goliath", als „imperialer Vorposten der USA" im Nahen Osten. Linksgerichtete Medien überschlugen sich mit Schreckensmeldungen über eine ausufernde Brutalität in der israelischen Kriegsführung und klammerten dabei die arabischen Vernichtungspläne in Bezug auf Israel aus. Der Nahost-Fokus der entstehenden Neuen Linken richtete sich nun fast ausschließlich auf die Palästinenser. Die sich 1964 konstituierende *Palästinensische Befreiungsorganisation* (PLO) inszenierte sich als Teil einer sozialrevolutionären Befreiungsbewegung, die sich innerhalb eines globalen Kontextes mit nationalen Bewegungen in Asien, Afrika und Lateinamerika solidarisch erklärte und ihre antizionistische Agitation in einen imperialismustheoretischen Zusammenhang stellte.[139] Auf diese Weise versicherten sie sich der internationalistisch ausgerichteten Neuen Linken, die nahezu kritiklos derartige nationalrevolutionäre Bewegungen im Kampf gegen den US-Imperialismus zu unterstützen müssen glaubte. „Ob in Algerien, Vietnam, Lateinamerika oder in Palästina: In das theoretische Korsett des Antiimperialismus gezwängt, traten die historischen Besonderheiten und Widersprüche der einzelnen Konfliktgebiete zugunsten antikolonialer ‚Eindeutigkeit' zurück."[140] Die Identifikation mit den nationalen Befreiungsbewegungen bot sich aber auch deshalb an, da die Neue Linke insgesamt nach neuen Bezugsgrößen Ausschau hielt. Die USA kamen spätestens seit dem Vietnamkrieg nicht mehr in Frage, Israel war nicht das sozialistische Land, für das man es, nicht zuletzt aufgrund der Kibbuz-Bewegung, gehalten hatte und selbst die Sowjetunion war als Identifikationsgröße nur be-

---

137   Vgl. Ullrich, Die Linke, Israel und Palästina, S. 142f.
138   Vgl. Simon, Deutsche Geschichte und Solidarität, S. 104f.
139   Vgl. Kloke, Antizionismus und Antisemitismus als Weltanschauung?, S. 170ff.
140   Ebd., S. 171.

dingt tauglich.[141] An der „Heimatfront" solidarisierte sich die Neue Linke mit in der Bundesrepublik lebenden arabischen Al Fatah-Anhängern und übersah scheinbar kritiklos Aussagen der palästinensischen Nationalcharta, in der die Nichtanerkennung des israelischen Existenzrechtes zum Ausdruck kam. Die Israelkritik der Neuen Linken verdichtete sich sukzessive zu einer sich radikal zuspitzenden antizionistischen Weltanschauung, die auch eine Gleichsetzung von Zionismus mit dem Nationalsozialismus beinhaltete. Gleichwohl gab es Stimmen im linken Lager, von Jean-Paul Sartre über Ernst Bloch bis Herbert Marcuse und Jean Améry, die davor warnten, das Existenzrecht Israels zu hinterfragen und eine kritische Differenzierung zwischen der Existenz Israels und seiner Politik forderten.[142] Solchen Mahnungen wurde aber wenig Gehör geschenkt und immer mehr Gruppierungen der Neuen Linken verfolgten oft ohne eine theoretische Auseinandersetzung eine radikal antizionistische Israelfeindschaft. Ab 1969 nahm die Neue Linke den Nahost-Konflikt nur noch als Ingredienz eines Befreiungskampfes unterdrückter Völker der Dritten Welt gegen den Imperialismus wahr. Im Juli 1969 folgte eine Gruppe führender SDS-Mitglieder einer Einladung palästinensischer Freischärler in das haschemitische Königreich Jordanien, um dort Kooperationsmöglichkeiten zwischen linken Antizionisten und palästinensischen Organisationen zu sondieren.[143] Gleichwohl versäumten es die SDS-Revolutionäre im Zuge einer Israelreise eigene Standpunkte zu überprü-

---

141  Vgl. Dobberthien, Ulrike: Israel, die deutsche Linke und der Sechs-Tage-Krieg 1967, Magisterarbeit, Kiel 1991, S. 48.

142  Besonders eindrücklich setzt sich die so genannte „Gemeinsame Erklärung von 20 Vertretern der deutschen Linken zum Nahost-Konflikt" - unterzeichnet u. a. von Alfred Andersch, Ernst Bloch, Helmut Gollwitzer, Günter Grass, Walter Jens, Martin Walser - mit der Israelkritik der Neuen Linken auseinander. Darin heißt es beispielsweise: „Wenn links stehen heißt: sich für die Freiheit der Verfolgten und Unterdrückten und für das Aufhören der Ausbeutung einzusetzen, dann schließt es heute ein Engagement nicht gegen Israel, sondern für seine ungefährdete Existenz ein. [...] Es gehört vielen Linken zum guten Ton, die Vernichtungsdrohungen der Araber zu bagatellisieren, denn sie passen nicht ins Konzept des eigenen sachlichen und humanen Denkens. Diese Haltung ist aber ungemein gefährlich. In Anbetracht der arabischen unbeirrbaren Entschlossenheit, zwei Millionen Menschen im Meer zu ersäufen, sind apokalyptische Kategorien näher als die wirtschaftlichen. Es sind erst 25 Jahre her, daß wir erlebt haben, wie eine solche Vernichtungsdrohung, und gegen dasselbe Volk, von der Weltöffentlichkeit nie ganz ernstgenommen, brutale Wirklichkeit wurde. Die Linke würde für alle Zukunft unglaubwürdig, wenn sie durch einseitige Sympathie für die arabische Seite zu einem neuen Auschwitz beitrüge. [...] Weil die Araber zur Dritten Welt gehören, sind sie nicht eo ipso die reinen Engel. Die Israelis sind die Gefährdeten, die Araber sind es, die Angriff, Vertreibung und Ausrottung planen. Die Parteinahme muss primär der Progressivität, dem Recht, der Humanität gelten, nicht einer bestimmten Volksgruppe." Zitiert nach Glasner, Hans G.: Antisemitismus auch von links? In: Ginzel, Günther B.: Antisemitismus. Erscheinungsformen der Judenfeindschaft gestern und heute, Bielefeld 1991, S. 260.

143  Vgl. Kraushaar, Die Bombe im jüdischen Gemeindehaus, S. 116ff.

fen.[144] Die Fatah stieß mit ihrer Strategie eines „Volksbefreiungskrieges" antiimperialistischer Spielart auf offene Ohren der SDS-Linken. Zusammen mit anderen Gruppierungen[145] flankierte der SDS den Staatsbesuch des israelischen Außenministers Abba Ebans im Februar 1970 mit den Worten:

> „Der Besuch Abba Ebans, der als Vertreter eines rassistischen Staates in die Bundesrepublik reist, muss zu einer Demonstration und zum Protest gegen den zionistischen, ökonomisch und politisch parasitären Staat Israel und seine imperialistische Funktion im Nahen Osten werden [...]. Nieder mit dem chauvinistischen und rassistischen Staatsgebilde Israel."[146]

Das zitierte Flugblatt zeigt beispielhaft, wie weit die antizionistische Agitation der Neuen Linken bereits von einer reinen auf die Politik Israels bezogenen Kritik abgerückt war und bereitwillig antisemitische Inhalte transportierte. Israel wird zu Beginn des Schreibens nicht nur mit Rassismus in Verbindung gebracht, sondern scheinbar ausschließlich durch das Attribut „rassistisch" konstituiert. Es folgen schließlich weitere Eigenschaften („ökonomisch" und „politisch parasitär"), die offenkundig tradierten antisemitischen Argumentationsmustern folgen. Nicht zuletzt scheint die Bezeichnung „Staatsgebilde" darauf abzuzielen, Israel eine echte Staatlichkeit abzusprechen, es in ein künstliches Licht zu stellen und es quasi zu einem objekthaften Konstrukt zu erklären. In der Summe lässt sich die Rhetorik der Flugschrift auch in Bezug auf die zuvor entwickelten Antisemitismus-Kriterien als antisemitisch klassifizieren, da sie mindestens darauf abzielt, antisemitische Assoziationen zu erzeugen. Entsprechend folgte die manichäische, auf einfache Dichotomien (Volksbefreiung vs. Imperialismus) setzende SDS-Logik simpelster antiimperialistischer Erklärungsmuster, die in einem antizionistischen Weltbild kumulierten, innerhalb dessen auch „Fragmente eines linken Antisemitismus virulent wurden"[147]. Im Dezember 1969 fand eine erneute Reise statt. Ziel war eine PLO-Konferenz in Algier. Prominenteste deutsche Teilnehmer waren (zumindest aus heutiger Sicht) der damalige SDS-Vorsitzende Udo Knapp sowie der spätere Außenminister Joseph „Joschka" Fischer. Die

---

144   Bundesvorstandsmitglied Hans Jürgen Krahl brachte diesen Umstand auf die Formel: „Nach Israel fahren wir erst, wenn es sozialistisch geworden ist." Zitiert nach Kloke, Israel – Alptraum der deutschen Linken?, S. 304.

145   Zu den Flugblattunterzeichnern gehörten neben dem SDS: Generalunion palästinensischer Studenten (GUPS), Israelisches Revolutionäres Aktionskomitee im Ausland (ISRACA/D), Trikont, Vereine der arabischen, iranischen und afghanischen Studenten. Vgl. Kloke, Zwischen Scham und Wahn, S. 215.

146   Zitiert nach Kloke, Zwischen Scham und Wahn, S. 215. (Flugblatt im SDS-Nachlass, Archiv APO und soziale Bewegungen am Zentralinstitut für sozialwissenschaftliche Forschung an der freien Universität Berlin)

147   Kloke, Zwischen Scham und Wahn, S. 214-215.

Konferenz fand in einer gewalttätigen Stimmung statt, nationalsozialistische Rhetorik wurde aufgegriffen, so dass vom „Endsieg" über Israel die Rede war.[148] Im Laufe des Jahres 1969 wurden sogenannte *Palästina-Solidaritätskomitees* (PKs) zu den neuen Keimzellen antizionistischer Agitation. Während die Studentenbewegung organisatorisch sukzessiv auseinanderbrach, bildeten sich in zahlreichen Universitätsstädten besagte PKs neu.[149] In selbigen wurde eng mit arabischen Akteuren zusammengearbeitet.[150] Oftmals wurden über derartige PKs antisemitische Inhalte transportiert. Beispielsweise sprach das Bonner Palästinakomitee in seinen Statuten vom Vorhandensein eines „jüdischen Kapitals".[151] Die zunächst unabhängig voneinander entstehenden PKs versuchten sich trotz ihrer teilweise unterschiedlichen ideologischen Ausprägungen zumindest inhaltlich zu koordinieren. Auf einer europaweiten Tagung wurde eine antizionistische Grundhaltung manifestiert und insofern radikalisiert, als man neben der üblich gewordenen Feststellung, dass Israel ein rassistischer Staat sei, der mittels eines bewaffneten Volksaufstandes vollständig zu zerschlagen sei, außerdem eine Zweistaatenlösung grundsätzlich negierte, da selbige gegen die revolutionären Interessen gerichtet sei.[152]

## 3.3 Die terroristische Dimension der antizionistischen Agitation

Der sich innerhalb der Neuen Linken zunehmend verschärfende Ton gegenüber Israel, der in seinen bittersten antizionistischen Zuspitzungen antisemitischen Mustern folgte, nahm Ende der 1960er Anfang der 1970er nochmals an Deutlichkeit zu. Aus Agitation wurde Aktion. Aus scharfer Rhetorik schließlich terroristische Wirklichkeit. Am 9. November 1969, also am Jahrestag des von den Nationalsozialisten höhnisch als „Reichskristallnacht" bezeichneten Judenpogroms, das die systematische Vernichtung der europäischen Juden einleiten sollte, wurden die antizionistischen Phantasien zur antisemitischen Realität. Die *Schwarzen Ratten/ Tupamaros West-Berlin*[153], eine Vorgängerorganisation der

---

148 Vgl. Kloke, Israel – Alptraum der deutschen Linken?, S. 304f.
149 Wolfgang Kraushaar weist richtigerweise darauf hin, dass parallel zu einem Zerfallsprozess der APO-Bewegung, ein Konstitutionsprozess stattgefunden hat. Zwar löste sich beispielsweise der SDS selbst auf, seine Mitglieder fanden aber rasch in anderen Gruppen ein politisches Zuhause oder gingen in den Untergrund. Vgl. Kraushaar, Wolfgang: Die Bombe im jüdischen Gemeindehaus. Hamburg 2005, S. 14ff.
150 Vgl. Kloke, Israel und die deutsche Linke, S.82ff.
151 Vgl. Kloke, Zwischen Scham und Wahn, S. 215.
152 Ebd.
153 Die Tupamaros West-Berlin benannte sich nach einer seit 1964 im Untergrund Uruguays kämpfenden Stadtguerilla-Gruppierung, die wiederum ihren Namen auf Tupac Amaru, den

*Bewegung 2. Juni,* verübten Angriffe auf jüdische Einrichtungen. So wurden in Westberlin mehrere jüdische Mahnmale beschmiert und eine Brandbombe im jüdischen Gemeindehaus deponiert, die allerdings noch rechtzeitig entschärft werden konnte.[154] Das Bekennerschreiben unter dem Titel „Schalom + Napalm", das bereits vier Tage später in der Szene-Zeitschrift *Agit 883* erschien, offenbarte neben den typischen antizionistischen Argumentations-muster antiimperialistischer Prägung (sekundär antisemitische Argumentation der Exkulpation bzw. Schuldabwehr, Vergleiche mit dem Nationalsozialismus, Diffamierung Israels als Aggressor, Personifizierung des ‚Bösen' hier in Gestalt Golda Meirs) einen Aufruf zum bewaffneten Kampf.[155] Es zeigt sich, wie fließend der Übergang vom Antizionismus zum Antisemitismus sein kann. Gleichwohl löste die Aktion auch heftige Kritik unter Aktivisten antizionistischer PKs aus.[156]

---

Anführer eines 1781 fehlgeschlagenen Indianeraufstandes, zurückführte. Vgl. Kraushaar, Die Bombe im jüdischen Gemeindehaus, S. 149f.

154 Ausführlich dazu: Kraushaar, Die Bombe im jüdischen Gemeindehaus.

155 Im Bekennerschreiben heißt es: „(...) Das europäische und US-Kapital hat sich eine starke Militärbasis im Nahen Osten errichtet. Tatkräftig unterstützt es die Zionisten in ihren aggressiven Expansionsfeldzügen im arabischen Raum. (...) Golda Meir bereist die westliche Welt und kehrt mit Phantoms, Dollars und Napalm heim. Die als Wiedergutmachung und Entwicklungshilfe getarnten Milliarden der BRD sind in den zionistischen Verteidigungshaushalt eingeplant. (...) Unter dem schuldbewussten Deckmantel der Bewältigung der faschistischen Greueltaten gegen Juden hilft sie entscheidend mit an den faschistischen Greueltaten Israels gegen die palästinensischen Araber. (...) Am 31. Jahrestag der faschistischen Kristallnacht wurden in Westberlin mehrere jüdische Mahnmale mit ‚Schalom und Napalm' und ‚El Fatah' beschmiert. Im jüdischen Gemeindehaus wurde eine Brandbombe deponiert. Beide Aktionen sind nicht mehr als rechtsradikale Auswüchse zu diffamieren, sondern sie sind ein entscheidendes Bindeglied internationaler sozialistischer Solidarität. Das bisherige Verharren der Linken in theoretischer Lähmung bei der Bearbeitung des Nahostkonflikts ist Produkt des deutschen Schuldbewusstseins: ‚Wir haben eben Juden vergast und müssen die Juden vor einem neuen Völkermord bewahren.' (...) Jede Feierstunde in Westberlin und in der BRD unterschlägt, daß die Kristallnacht von 1938 heute täglich von den Zionisten in den besetzten Gebieten, in den Flüchtlingslagern und in den israelischen Gefängnissen wiederholt wird. Aus den vom Faschismus vertriebenen Juden sind selbst Faschisten geworden, die in Kollaboration mit dem amerikanischen Kapital das palästinensische Volk ausradieren wollen." Bestand die antizionistische Argumentation beharrlich darauf, dass nicht die Juden, sondern die Zionisten kritisiert würden, zeigt sich hier, wie schnell die antizionistische Rhetorik aus den Zionisten Juden macht. Waren es zu Beginn des Bekennerschreiben die Zionisten, die mit faschistischen Attributen überzogen wurden, sind es nun die „Juden" aus denen „selbst Faschisten" geworden sind. Das Schreiben endet schließlich mit einem Appell an die Linken-Szene den Kampf von nun an bewaffnet zu führen. Der Weg in den terroristischen Kampf war geebnet: „ Tragt den Kampf aus den Dörfern in die Städte! Alle politische Macht kommt aus den Gewehrläufen." Schwarze Ratten TW: Schalom + Napalm, in: Agit 883, I. Jg., Nr. 40, 13.11.1969, S.9.; vgl. Kraushaar, Die Bombe im jüdischen Gemeindehaus, S.47-48.

156 Das Palästina-Komitee Frankfurt erklärt: „Gewiß sind die jüdischen Gemeinden auch Zentren der Finanzierung des zionistischen Staates, für den ein immenser Kapitalfluß notwendig ist. Dennoch ist die Identifizierung jüdischer Institutionen mit zionistischen Basen selber eine ras-

Die *Tupamaros* gingen aus Anhängern des *Zentralrates der umherschwei-fenden Haschrebellen* hervor, einer von Dieter Kunzelmann[157] initiierten Strö-mung, die sich um die *Kommune I* formierte und militanten und illegalen Aktio-nen nahe stand.[158] Einige Anhänger der *Haschrebellen* verbrachten bereits den Sommer 1969 in jordanischen Militärcamps, um sich terroristisch schulen zu lassen. Zurück in der Bundesrepublik wollte die Gruppe um Dieter Kunzelmann Gelerntes in Taten umsetzen.[159] Kadergruppen der zerfallenen Studentenbewe-gungen begannen den bewaffneten Kampf auszurufen. Der Auftakt eines solchen Kampfes begann mit einem antisemitischen Akt, einer Bombe im jüdischen Gemeindehaus. Selbst ein solch offensichtlich gegen Juden gerichtetes Ereignis schaffte es nicht, den Antizionismus in der Neuen Linken zu diskreditieren. Ganz im Gegenteil. Der Antizionismus hatte in den 1970ern Hochkonjunktur. Die sich im Zuge eines derartig aufgeheizten Klimas herausbildende *Rote Armee Fraktion* (RAF) begann 1970 den Protest der Westberliner Anarcho-Szene terroristisch auszugestalten. Mehr als 20 RAF-Mitglieder (darunter Ulrike Meinhof, Andreas Baader und Horst Mahler) verschlug es über Ostberlin nach Amman, um in ei-nem Lager der arabisch-palästinensischen Befreiungsbewegung *Al Fatah* von palästinensischen Kämpfern ausgebildet zu werden.[160] Kontroversen innerhalb der Gruppe, aber auch zwischen den RAF-Mitgliedern und den Palästinensern führten zwar nach zwei Monaten zu einem frühzeitigen Abbruch der Mission, die erworbenen Fähigkeiten aber schienen ausreichend zu sein, um sie an der „Hei-matfront" in die Praxis umzusetzen. Dass der radikal gerierende Antizionismus antiimperialistischer Prägung der RAF antisemitische Inhalte transportierte, illustrierten Reaktionen aus dem RAF-Lager in Bezug auf das blutige Attentat des *Schwarzen Septembers* auf die israelische Olympia-Mannschaft in München

---

sistische, die den rassistischen Staat stärkt und nicht schwächt. [...] Das Bombenattentat, die Parolen an Mahnmalen der Opfer des Faschismus und deren Begründung stellen objektiv eine Provokation dar. Innerhalb der Bewegung müssen wir solche Aktionen bekämpfen, wenn bei uns der Internationalismus in einem geschichtslosen Moralismus enden soll." Unter-zeichner der Erklärung sind u. a.: Detlev Claussen, Daniel Cohn-Bendit und drei weitere Mit-glieder. Zitiert nach Kraushaar, Die Bombe im jüdischen Gemeindehaus, S. 78. (Sozialisti-schen Correspondenz-Info vom 22.11.1969, 1. Jg., Nr. 22, S. 11f.)

157　Dieter Kunzelmann war Mitglied und Inspirator diverser linksradikaler Gruppierungen. Darun-ter waren Die Münchner Gruppe Spur, die Situationistische Internationale, die Subversive Ak-tion, die Kommune I, die Haschrebellen, dieTupamaros West-Berlin. Laut Aussagen ehemali-ger Weggefährten (Albert Fichter, Michael Baumann), soll sich Kunzelmann des Öfteren offen antisemitisch geäußert haben. Näheres siehe Kraushaar, Die Bombe im jüdischen Gemeinde-haus, S. 248 bzw. S. 292.

158　Vgl. Kraushaar, Die Bombe im jüdischen Gemeindehaus, S. 149ff.

159　Zu der Kunzelmann-Gruppe zählen neben Kunzelmann: Lena Conradt, Albert Fichter, Georg von Rauch, Ina Siepmann. Näheres zu den einzelnen Biographien siehe Kraushaar, Die Bombe im jüdischen Gemeindehaus.

160　Siehe Kloke, Israel – Alptraum der deutschen Linken?, S. 308f.

1972. Ulrike Meinhof bezeichnete die Attentäter als „mutiges Kommando gegen zionistische Soldaten"[161]. Dabei hatte sie noch wenige Jahre zuvor Solidarität mit Israel angemahnt.[162] Vor diesem Hintergrund kann Meinhof als „sinnbildlich für die Veränderung weiter Teile ihrer politischen Generation"[163] verstanden werden.

*Entebbe - Konkretisierung eines Antisemitismus von links*

Die Kritik am Zionismus verdichtete sich zu einem geschlossenen Weltbild. Nach einem solchen agierte auch eine siebenköpfige deutsch-palästinensische Gruppe, bestehend aus Mitgliedern der *Revolutionären Zellen* (RZ), der *Bewegung 2. Juni* und des *palästinensischen Kommandos PFLP*, die im Sommer 1976 eine Verkehrsmaschine der Air France mit 257 Passagieren an Bord, darunter 83 Israelis, auf dem Flug von Paris nach Tel Aviv entführte und nach Entebbe in Uganda umleitete. In Entebbe wurden die Geiseln von ihren Entführern, darunter der Deutsche Wilfried Böse, in jüdisch und nicht-jüdisch selektiert und voneinander getrennt gefangen gehalten. Die einzige Person, die auf Seiten der Entführten ums Leben kam, war eine KZ-Überlebende.[164] Die Nähe der palästinensischen *Fedayin* zu antisemitischen, pro-faschistischen Gesinnungen warf immer wieder einen dunklen Schatten über das Solidaritäts-Verhältnis zwischen Palästinensern und militanten Antiimperialisten der bundesdeutschen Stadtguerilla. Diesbezüglich bot der Nahe Osten phasenweise Asyl sowohl für ehemalige Anhänger des NS-Regimes, als auch für Anhänger linksgerichteten Terrorismus.[165]

Das Ereignis von Entebbe verdeutlichte die Nähe des militanten Antizionismus zu rechtsgerichtetem Gedankengut. Die Neue Linke nahm schließlich Entebbe zum Anlass, die „neu-linke[n] Palästina-Solidarität massiv in Frage zu

---

161   Ulrike Meinhof, die bereits in Haft saß, erklärte: „Die Aktion des ‚Schwarzer Septembers' in München hat das Wesen imperialistischer Herrschaft und des antiimperialistischen Kampfes auf eine Weise durchschaubar und erkennbar gemacht wie noch keine revolutionäre Aktion in Westdeutschland und Westberlin. Sie war gleichzeitig antiimperialistisch, antifaschistisch und internationalistisch. Sie hat eine Sensibilität für historische und politische Zusammenhänge dokumentiert [...]." Zitiert nach Kraushaar, Die Bombe im jüdischen Gemeindehaus, S. 290.

162   Vgl. Weiß, Volker: „Volksklassenkampf" - Die antizionistische Rezeption des Nahostkonfliktes in der militanten Linken der BRD, in: Zuckermann, Moshe (Hrsg.): Tel Aviver Jahrbuch für deutsche Geschichte XXXIII. Antisemitismus, Antizionismus, Israelkritik, Göttingen 2005, S. 223-224.

163   Ullrich, Die Linke, Israel und Palästina, S. 143.

164   Vgl. ebd., S. 142.

165   Dieser Umstand trieb derart absurde Blüten, dass sich noch Anfang der 1980er Jahre Anhänger der „Wehrsportgruppe Hoffmann" und der „Bewegung 2.Juni"in Beirut unter dem Schutz der PLO aufgehalten haben. Vgl. Kloke, Israel und die deutsche Linke, S. 107.

stellen".[166] In Teilen der Neuen Linken setze sich langsam die Erkenntnis durch, dass der Antizionismus eine „Platzhalter-Funktion für den gesellschaftsunfähigen Antisemitismus eingenommen hatte".[167] Nichtsdestotrotz war der Antizionismus weiterhin zentraler Bestandteil neu-linker Nahostwahrnehmung.

## 3.4 Der Libanon-Krieg 1982 als Katalysator antizionistischer Agitation

Im Zuge des israelischen Einmarschs in den Libanon – der Operation „Friede für Galiläa" – mit dem Ziel der Vertreibung der PLO, der syrischen Armee und der Errichtung einer israelfreundlichen Regierung, entzündete sich erneut eine Nahostdebatte in der Linken. Diesmal dehnte sich die antizionistische Agitation auch auf scheinbar gemäßigte Kreise aus. Unzählige journalistische Beiträge beinhalteten den Vorwurf, Israel begehe einen Völkermord an den Palästinensern. Martin W. Kloke stellt dazu fest:

> „Nicht zuletzt Journalisten der ‚Berliner Tageszeitung' (‚TAZ') beteiligten sich an jener historisch-psychologischen Entlastungsoffensive, bei der die betroffenen Palästinenser als die ‚neuen Juden' bezeichnet und die israelischen Invasoren mit den Nazis verglichen wurden."[168]

Als es im September 1982 zu einem brutalen Übergriff in den Palästinenser-Lagern Sabra und Shatila im Libanon durch libanesische Milizen kam, den das israelische Militär nicht verhindern konnte oder wollte, verschärfte sich die Kritik gegen Israel, die anders als noch in den 1970er Jahren nun nicht mehr nur auf den linksextremen Bereich fokussiert war, sondern sich auf linksliberale Milieus ausdehnte.[169] Ein Aufruf zu einer Demonstration unter dem Titel „Gegen die Invasion Israels im Libanon" sei hier exemplarisch genannt, da er die Schärfe der reaktivierten antizionistischen Rhetorik offen legte. In dem Flugblatt wird den Israelis u.a. ein „Ausrottungsfeldzug" unterstellt. Außerdem ist von einem „Großisrael in sicheren Grenzen" und „Völkermord" die Rede.[170] In vielen grö-

---

166  Kloke, Israel – Alptraum der deutschen Linken?, S. 308.
167  Ebd., S. 309.
168  Kloke, Zwischen Scham und Wahn, S. 219.
169  In einem Artikel in Der Spiegel mit dem Titel „Israel: ‚Wir sind alle Mörder'" wurde das für das Massaker von Sabra und Shatila politisch verantwortliche israelische Militär in einer Bildunterschrift mit den „deutschen Wachen in Buchenwald" gleichgesetzt. Vgl. Der Spiegel Nr. 39 vom 27.09.1982, S. 139-142. Dieses Beispiel wird hier exemplarisch angeführt für einen in dieser Zeit typischen unsensiblen Umgang in bestimmten Medien.
170  Die zentralen Aussagen des Schreibens lauteten: „Am 6. Juni 1982 begann die israelische Armee eine erneute Aggression gegen das palästinensische und libanesische Volk. Ziel dieser Aggression ist die Vernichtung des palästinensischen Volkes und ihrer einzigen legitimen Ver-

ßeren Städten wie Berlin, Frankfurt am Main, München, Köln aber auch in etlichen kleineren Städten fanden Kundgebungen und Demonstrationen statt, die von Parolen wie „Völkermord" oder „Endlösung der Judenfrage" begleitet wurden.[171] Interessanterweise wurden diese Protestmärsche von breiten Allianzen getragen – von den Jusos über die Grünen bis zur DKP und einzelnen Sponti-Gruppen – die eigentlich Schwierigkeiten hatten, einen gemeinsamen Nenner zu finden. Erstaunlicherweise war sich die Linke, die alles andere als homogen und einheitlich strukturiert war, in Bezug auf Israel scheinbar immer einig. In dem einseitig antiisraelisch gefärbten Diskursklima wurde eine sachliche Auseinandersetzung mit der eigentlichen Thematik – dem Libanonkrieg – zugunsten platter Gemeinplätze und obsessiv gefertigter Analogien zur nazistischen Vernichtungspolitik geopfert. In der Zeitschrift *Freitag* wurde in jenen Tagen der Zionismus als „permanenter Krieg" bezeichnet und mit Antisemitismus gleichgesetzt.[172] Kritische Töne in Bezug auf die unkritische Palästina-Solidarität der Neuen Linken fanden kaum Gehör.[173] Die spätere Europaabgeordnete der Grü-

---

treterin, der PLO. (...) Heute wollen sie [gemeint sind die Israelis] im Libanon Ordnungsmacht spielen, ‚den Libanon von den Ausländern befreien, den Libanon den Libanesen zurückgeben'. Doch nicht allein das palästinensische Volk ist Opfer dieses Expansionsstrebens nach einem ‚Großisrael in sicheren Grenzen'. (...) Nicht ein ‚konventioneller' Krieg zwischen zwei Armeen, sondern ein Ausrottungsfeldzug gegen das von der PLO geführte palästinensische Volk. (...) Neben den eigenständigen israelischen Aggressionszielen sind es aber gerade die USA und die NATO, die Israel aus weltpolitischen und strategischen Gründen als Vorposten der ‚freien Welt' erhalten wollen." Die Flugschrift schließt mit den fettgedruckten Worten: „Beendet den Völkermord im Libanon!" Unterschrieben wurde das Schreiben u. a. von: Der Alternativen Liste, den Jungsozialisten LV Berlin (W), der Sozialistischen Einheitspartei Westberlin, der SJV Karl Liebknecht, der Juso-HSG-TU, dem AStA-TU, dem AStA-FU. Flugblatt stammt aus dem Archiv des Zentrums für Antisemitismusforschung der TU Berlin.

171 Vgl. Broder, Linker Antisemitismus?, S. 54f.; vgl. Kloke, Israel und die deutsche Linke, S. 140ff.

172 Die Autoren des Artikels sind sich sicher: „Die Logik des Zionismus ist permanenter Krieg. (...) so sind Antisemitismus und Zionismus Zwillingsbrüder: Durch dieselbe rassistische Definition des „Juden", durch dasselbe Ziel der Gettoisierung und durch dasselbe unvermeidliche Ergebnis – den Willen zum Bruch mit den anderen Völkern und die Expansions- und Annexionspolitik, die eine behauptete Rückkehr einschließt –, erregen sie schließlich den Hass der Weltmeinung." Hier wird das alte Ressentiment vom selbstverschuldeten Antisemitismus transportiert. Die Autoren gehen noch weiter und befeuern den Mythos einer zionistischen Weltverschwörung, in dem sie über angeblich belastendes Material schreiben, das „auf der Ebene der Massenmedien durch das zionistische Netz unterdrückt wurde". Garaudy, Roger/ Lelong, Michel/ Kathiet, Etienne: Zur Logik des israelischen Angriffskrieges. Die Geschichte der israelischen Expansion, in: Freitag vom 02.07.1982, S.6.

173 Zu solchen Kritikern zählte Joschka Fischer, der mahnte, man müsse die nahöstlichen Realitäten zur Kenntnis nehmen und sich von blinder Palästina-Solidarität verabschieden. Siehe Kloke, Zwischen Scham und Wahn, S. 219-220. Aber auch in Städten wie Freiburg, Frankfurt, Hamburg wurde der Antizionismus im Zusammenhang mit Antisemitismus diskutiert. Linksstehende Persönlichkeiten wie Wolfgang Pohrt, Henryk M. Broder, Dan Diner oder Daniel

nen, Brigitte Heinrich, stellte auf einer Libanon-Demonstration am 21. August 1982 fest, dass der Zionismus Völkermord betreibe. Außerdem sprach sie sich gegen eine Gleichsetzung von Antizionismus und Antisemitismus aus und verkündete:

> „Genauso sind Zionismus und Judentum nicht dasselbe. Das Judentum ist eine der ältesten Religionen, die Logik des Zionismus – die Staatsdoktrin Israels – ist dagegen der permanente Krieg, sein erklärtes Ziel die Vertreibung des palästinensischen Volkes und die Schaffung eines Groß-Israel vom Nil bis zum Euphrat."[174]

Akribisch wurden hier einmal mehr die bekannten antizionistischen Ressentiments abgearbeitet und mit phantasievollen Neuschöpfungen, wie „Groß-Israel" angereichert. In einer späteren Aussage wird eine weitere Funktion des Antizionismus deutlich: „Gerade weil wir die moralische Schuld unseres Volkes am millionenfachen Judenmord nicht zurückweisen, können wir zum Aggressionskrieg Israels gegen das palästinensische Volk nicht schweigen."[175] In dieser Aussage finden sich Elemente, wie sie das Phänomen des sekundären Antisemitismus beschreibt. Die Opfer von einst werden im Zuge einer Entlastungsoffensive, die die Projektion der eigenen dunklen Geschichte auf deren Opfer zum Inhalt hat, zu Tätern erklärt. Die Aussage zeigt, welch absurde Blüten eine auf die Spitze getriebene antizionistische Argumentationskette treiben kann. Weil Deutschland millionenfachen Judenmord begangen habe, müsse es nun die Juden davor bewahren, es den Deutschen gleich zu tun. Aus den Kindern der Täter von einst werden Geläuterte von heute, die dafür Sorge tragen, dass die Opfer von einst nicht zu Tätern von morgen werden.[176]

Henryk M. Broder bewertet in pointierter Manier die antizionistischen Haltung der linken Aktivistin wie folgt:

> „Frau Heinrich, die hier pars pro toto steht, ist nicht deswegen eine Antisemitin, weil sie Israel kritisiert, weil sie den Krieg im Libanon verurteilt. Sie ist deswegen eine Antisemi-

---

Cohn-Bendit kritisierten den linken Antizionismus. Vgl. Ullrich, Die Linke Israel und Palästina, S. 144.

174   Zitiert nach Broder, Linker Antisemitismus?, S. 58.

175   Ebd.

176   Eine derartig diffuse Position vertrat auch eine Delegation der Grünen, darunter die bereits genannte Brigitte Heinrich, die 1984 nach einer Nahostreise zum Ausdruck brachte, dass die israelische Politik eine bedauerliche falsche Verarbeitung der Naziverbrechen an dem jüdischen Volke gewesen sei. Entsprechend seien die Opfer im Libanon Leidtragende des deutschen Faschismus, der erheblich dazu beigetragen habe, dass Israel in einer stark militärischen Form aufgebaut worden sei. Siehe Attacken der Grünen gegen Israel, in: Frankfurter Allgemeine Zeitung vom 04.01.1984. (TU Archiv)

tin, weil von Juden begangene Taten und Untaten bei ihr einen Reflex auslösen, der sich bei anderen Übeltätern nicht einstellt."[177]

Der „Grüne Kalender", aus dem Umfeld der Grünen stammend, versammelt antiisraelische Ausführungen, die eindeutig antisemitischer Natur sind. Unter der Überschrift „Israel die Mörderbande" finden sich sprachliche Wendungen wie „Kauft nicht bei Juden", „Endlösung der Palästinenserfrage", „systematische Ausrottung", „Jüdische Söldner", „Zionistische Gräueltaten", die in dem Aufruf münden, „den Juden" einen Denkzettel zu verpassen und israelische Waren zu boykottieren.[178] Gleichwohl ist dieses mit antijüdischen Stereotypen offen antisemitische Schriftstück nicht repräsentativ für das Israelbild neuerer sozialer Bewegungen der Linken. Es zeigt aber, wie im Zuge einer sich radikalisierenden antizionistischen Argumentation latent vorhandene antijüdische Ressentiments, selbst in einem alternativen Milieu, reaktiviert werden können.

Die Reaktion der Linken auf den Libanonfeldzug Israels war, wie ausschnitthaft dargestellt, von einer antizionistischen Heftigkeit geprägt, die antisemitische Auswüchse annehmen konnte. Um so erstaunlicher ist deshalb der Umstand zu werten, dass innerarabische Konflikte, die sich in einer ähnlichen Intensität und in etwa zeitgleich abspielten, so gut wie keine Resonanz erzeugten oder gar Empörung hervorriefen. So schwiegen linke Israelkritiker beharrlich, als syrische Truppen unter Präsident Hafez al-Assad einen Aufstand sunnitischer Fundamentalisten niederschlugen, in dessen Verlauf *amnesty international* bis zu zwanzigtausend zivile Opfer zählte.[179] Auch im Vorfeld des Libanon-Krieges tobte bereits ein jahrelang anhaltender Bürgerkrieg, den kritische Stimmen von links allerdings kaum zur Kenntnis nahmen. Nicht zuletzt verschloss sich die Linke vor der Tatsache, dass viele Palästinenser durch innerarabische Konflikte

---

177  Broder, Der ewige Antisemit, S. 123.
178  Der „Grüne Kalender", von der „Edition Sonnenschein" herausgegeben, beinhaltete unter der Überschrift „Israel die Mörderbande" folgende eindeutig antisemitische Inhalte: „Nachdem wir im letzten Jahr bereits gefordert hatten ‚kauft nicht bei Juden' weil der jüdische Unrechtsstaat eine aggressive Politik im Nahen Osten betreibt, Kernkraftwerke bombardiert[!], fremdes Land besetzt, die dortigen Einwohner mit seinem Militärterror schikaniert und ermordet, bereits mehrfach von der UNO als unfriedliches Land verurteilt wurde, hat die Geldmafia der Welt erneut zugeschlagen. Jüdische Söldner bereiten die ‚Endlösung der Palästinenserfrage' vor. Beirut wurde zum Übungsplatz für zionistisches Militär und zum Grab für tausende von libanesischen Zivilisten, Frauen, Kindern, Greisen, Unschuldigen. (...) Angesichts der jüdischen Greueltaten [sic!] verblassen jedoch die Nazigreuel [sic!] und die neonazistischen Schmiereien und nicht nur ich frage mich, wann den Juden endlich ein Denkzettel verpasst wird, der sie aufhören lässt ihre Mitmenschen zu ermorden. Was wir alle tun können ist: Boykott von Waren aus Israel. (...) Wer jedoch systematisch wie die Juden Menschen ausrottet, ist des Völkermordes schuldig." Das Kalenderblatt ist abgedruckt bei Kloke, Israel und die deutsche Linke, S. 143.
179  Broder, Der ewige Antisemit, S.122f.

ums Leben kamen. Darüber hinaus muss sich die Linke fragen, warum es kaum Proteste in Bezug auf innerpalästinensische Gewalt gegen Frauen, Homosexuelle oder Dissidenten[180] gab? Warum also diese Zurückhaltung bei Konflikten ohne israelische Teilnahme? Es zeigt sich, dass – verglichen mit Reaktionen bzw. Nichtreaktionen bezüglich anderer Konfliktparteien – für Israel und seine Politik andere Kriterien und Maßstäbe gegolten haben müssen. Es existierte eine nahezu obsessive Fokussierung auf Israel seitens der Neuen Linken. Andere Staaten, die einen kriegerischen Konflikt führten, wurden im besten Falle kritisiert, doch immer qua ihrer Politik, nicht qua ihrer Existenz. Was die Bewertung Israels betrifft, so wird, wie beschrieben, nicht selten mit zweierlei Maß gemessen, also ein *Doppelstandard* angelegt, wobei das Leid der Palästinenser monokausal rezipiert und kontextunabhängig instrumentalisiert wurde und wird.

## 3.5 „Kein Blut für Öl"[181] – Die Linke und der Golfkrieg

Mit dem Wegfall des Eisernen Vorhangs schwand zunächst das Nahost-Interesse. Hatte das alte dualistische Ost-West Gefüge des Kalten Krieges zumindest in der politischen Semantik die ideologische Positionierung Linker wie Rechter erleichtert und die Zugehörigkeit zu einem der Machtblöcke katalysiert, wurde es nach Zerfall des kommunistischen Systems zunächst nicht einfacher, in Opposition zu der allein verbliebenen Weltmacht USA zu treten. Die deutsche Linke traf es doppelt schwer: Sie verlor nicht nur den zum Teil ungeliebten „großen Bruder" in Gestalt der Sowjetunion, sondern gewann mit der Wiedervereinigung, die aus dem Zerfallsprozess hervorgegangen war, auch einen ungeliebten „kleinen Bruder" hinzu. Vor diesem historischen Hintergrund kam es zu Erosionsprozessen in der um politische Orientierung bemühten Linken. Im Jahre 1991 trat ein Ereignis auf die politische Weltbühne, das der Linken die Möglichkeit bot, sich neu zu positionieren: Der Zweite Golfkrieg. Doch die Mehrheit der Linken richtete sich auch hier wieder antiisraelisch aus. Die Situation verkomplizierte sich, als der irakische Diktator Saddam Hussein Israel drohte, es mit Giftgas zu beschießen, obwohl es gar nicht den Kriegskoalitionären angehörte. Da-

---

180   Laut einer gemeinsam von palästinensischen und israelischen Wissenschaftlern verfassten Studie Collaborators in the Occupied Territories wurden im Zuge der Intifada in den Jahren 1987-1993 mindestens 942 PalästinenserInnen aufgrund angeblicher Kollaboration getötet. Vgl. Küntzel, Matthias: Djihad und Judenhass. Über den neuen antijüdischen Krieg, 2. Aufl., Freiburg 2003, S.108f.

181   „Kein Blut für Öl" war eine der zentralen Parolen der Antikriegs-Demonstrationen 1991. Phillip Gessler schreibt dazu: „Dass die zentrale Parole (...) wenn auch leicht verändert, einem Buch des NS-Bestseller-Autors Anton Zischka entlehnt sein soll, dürften jedoch die meisten Protestler nicht gewusst haben." Gessler, Antisemitismus und Antizionismus, S. 358. Da-

rüber hinaus waren deutsche Firmen an der Gasproduktion beteiligt, was in Israel ein altes Trauma wieder aufleben ließ.[182] Von einem solchen Szenario, einem für Israelis durchaus „realistischen Alptraum von deutschem Gas über Israel"[183], nahm die deutsche Friedensbewegung zwar Notiz, war aber mehrheitlich nicht gewillt, ihre Position zu überdenken. Was die israelischen Sorgen speiste, war die Tatsache, dass Saddam Hussein bereits Jahre zuvor chemische Waffen gegen die eigene kurdische Bevölkerung eingesetzt hatte und einige Scud-Raketen bereits auf israelischem Gebiet detonierten.[184] Die Angst der Israelis war somit eine konkrete Furcht. „So verwandelt sich auch für Israel der Golfkrieg in einen Zweiten Weltkrieg der Erinnerungen"[185], schreibt Dan Diner und bringt zum Ausdruck, mit welcher der Historie entlehnten Bestürzung die israelische Bevölkerung auf die unmittelbare Gefahr eines Gasangriffes reagierte. Wie wenig Registrierung die Belange der Israelis von deutscher Seite erfuhren, zeigte der Aufruf zur zentralen Kundgebung gegen den Krieg im Irak in Bonn, der kein Wort hinsichtlich einer israelischen Bedrohung verlor.[186] Der damalige Grüne Vorstandssprecher Christian Ströbele, der in den 1980er Jahren Spenden im Rahmen der Aktion „Waffen für El Salvador" gesammelt hatte, machte sich unglaubwürdig, als er im Zuge des Irak-Krieges die Lieferung deutscher Verteidigungswaffen an Israel ablehnte.[187] Seinen Parteivorsitz musste er später abgeben, da er sich zu einem Satz hinreißen ließ, in welchem er die Raketenangriffe auf Israel als „logische, fast zwingende Folge der israelischen Politik"[188] deutete. Solche antizionistischen Rückfälle blieben keine Seltenheit. Doch vereinzelte Stimmen innerhalb der Linken, die eine besondere deutsche Verantwortung in Bezug auf Israel betonten, wurden lauter. Jürgen Habermas argumentierte auf der Grundlage eines „amputierten Universalismus, als er sich prinzipiell gegen die Logik des Krieges wandte, im Falle Israels jedoch eine Ausnahme gemacht wissen wollte"[189]. Von einer solchen Zerrissenheit getragen, die zwischen einer prinzipiell gegen den Krieg am Golf gerichteten Positionierung und der Berücksichtigung der besonderen Verantwortung für Israel zu oszillieren begann, zeu-

---

182  Vgl. Kaniuk, Yoram: Geteilte Moral. „Anti-Israelismus" in der deutschen Linken, in: Renger, Reinhard (Hrsg.): Die deutsche „Linke" und der Staat Israel, 1. Aufl., Leipzig 1994, S. 122f.

183  Delius, Friedrich Christian: Ja zu Israel – Nein zum Krieg. Brief an Yoram Kaniuk, in: Renger, Reinhard (Hrsg.): Die deutsche „Linke" und der Staat Israel, 1. Aufl., Leipzig 1994, S. 127.

184  Vgl. Ullrich, die Linke, Israel und Palästina, S. 145.

185  Diner, Dan: Deutschland am Golf – Kollektive Erinnerung und ein aktueller Konflikt, in: Bohleber, Werner/ Kafka, John S. (Hrsg.): Antisemitismus, Bielefeld 1992, S. 31.

186  Vgl. Kloke, Israel – Alptraum der deutschen Linken?, S. 311f.

187  Vgl. ebd.

188  Zitiert nach Broder, Henryk M.: Unser Kampf. Die Deutschen und der Golfkrieg, in: Renger, Reinhard (Hrsg.): Die deutsche „Linke" und der Staat Israel, 1. Aufl., Leipzig 1994, S. 150.

189  Diner, Dan: Deutschland am Golf – Kollektive Erinnerung und ein aktueller Konflikt, in: Bohleber, Werner/ Kafka, John S. (Hrsg.): Antisemitismus, Bielefeld 1992, S. 32.

gen auch die Aussagen Joschka Fischers[190], der anmahnte, dass die Raketen-angriffe auf Israel nicht den Stellenwert in den Köpfen hätten, den sie eigentlich hätten haben müssen. Die Parole „Hände Weg von Israel" müsste mit ähnlicher Intensität gefordert werden, wie der Appell nach einem sofortigen Kriegs-stopp.[191] Wie Fischer ging es auch anderen in der Linken und im alternativ-grünen Milieu. Seine sich wohl in diesen Jahren endgültig vollziehende Abkehr vom Antizionismus ist symptomatisch für die Haltung vieler in der Grünen Par-tei. Auch, wenn das nahostpolitische Selbstverständnis der Grünen bis in die heutige Zeit zum Teil widersprüchliche Ausmaße annehmen kann, sind radikal-antizionistische Positionierungen heute eher die Ausnahme.[192]

Zu einem wesentlich radikaleren Bruch mit der antizionistischen Position kam es auch innerhalb des linksradikalen Spektrums. Die sogenannte „belli-zistische" Fraktion warf der Friedensbewegung Geschichtsvergessenheit vor und richtete sich pro-israelisch aus.[193] Die sich in dieser Zeit herauskristallisierende Auseinandersetzung zwischen traditionellen „Antiimperialisten" und pro-israeli-schen „Antideutschen" prägt die aktuellen innerlinken Antisemitismus-debatten. Da nicht wenige Anhänger der sich neu formierenden antideutschen Strömung aus dem antiimperialistischen Lager stammten, „muss die Radikalität der sich nun abzeichnenden pro-israelischen Positionen auch als Konversionsphänomen betrachtet werden".[194] Auch in der linken Publizistik gab es Neupositionierun-gen. Die ehemals antiimperialistisch argumentierende Zeitschrift *konkret*, erklär-te sich nun solidarisch mit Israel. Woraufhin über tausend Leser ihr Abonnement kündigten.[195]

Nach dem Golfkrieg flaute das linke Interesse am Nahostgeschehen zu-nächst wieder ab. Auch der aufkommende Friedensprozess trug dazu bei, der antizionistischen Argumentation Stück für Stück die Grundlage zu entziehen. Im Zuge der zweiten Intifada seit September 2000, den Anschlägen des 11. Septem-

---

190   Ausführlicher zu Fischers Nahostbild vgl. Fischer, Joschka: Israel – Ein Alptraum der deut-schen Linken, in: Pflasterstrand, Sondernummer „Palästina", 9/1982, S.47-50; vgl. Fischer, Joschka: Deutschland, deine Juden. Wider die neue Sprachlosigkeit im deutsch-jüdischen Ver-hältnis, in: Naumann, Michael (Hg.): „Es muss doch in diesem Lande wieder möglich sein..." Der neue Antisemitismus-Streit, 1. Aufl., München 2002, S. 39-47.
191   Vgl. Broder, Unser Kampf, S. 156.
192   Vgl. Kloke, Martin: Kathartische Zerreißproben. Zur Israel-Diskussion in der Partei „Die Grünen", in: Strauss, Herbert A. u.a. (Hrsg.): Der Antisemitismus der Gegenwart, Frankfurt am Main 1990, S. 124-148.
193   Vgl. Haury, Thomas: Der neue Antisemitismusstreit der deutschen Linken, in: Rabinovici, Doron/ Speck, Ulrich/ Sznaider, Natan (Hrsg.): Neuer Antisemitismus? Eine globale Debatte, Frankfurt am Main 2004, S. 143-167.
194   Ullrich, Die Linke, Israel und Palästina, S. 146.
195   Vgl. Kloke, Zwischen Scham und Wahn, S. 223.

ber 2001 und dem Libanonkrieg des Jahres 2006 aber begann sich der Antizionismus wieder verstärkt zurückzumelden.

## 3.6  Zwischenfazit

Es bleibt festzuhalten, dass es im Umfeld des Sechs-Tage-Krieges in weiten
Teilen der Linken zu einem Einstellungswandel in Bezug auf Israel kam. Die seit
der israelischen Staatsgründung vorherrschende teils euphemisierte Israel-
Solidarität innerhalb der Linken wich einer starken Fokussierung auf die zuvor
wenig beachteten Palästinenser. Dabei fand die Neue Linke in den vermeintlich
antiimperialistischen nationalen Befreiungsbewegungen der „unterdrückten Völker" ein neues Identitätsobjekt – auch in Abgrenzung zu den konservativen Eliten der Bundesrepublik. Israelkritische Töne radikalisierten sich und spitzten
sich in einer antiimperialistisch ausgerichteten antizionistischen Argumentation
zu, die in ihrer heftigsten Form antisemitische Inhalte transportierte. Mit der
Radikalisierung der Linken stieg dabei ein möglich werdender antisemitischer
Gehalt. Dabei hat der Antizionismus eine Projektionsfläche geboten, auf der
latent vorhandene antisemitische Stereotype reflexartig re-projiziert und reproduziert werden konnten. Die Kritik am Zionismus und an Israel kulminierte
in ein geschlossenes Weltbild antizionistischer Prägung, das strukturelle Affinitäten zum antisemitischen Weltbild offenbarte. Die Bombe im jüdischen Gemeindehaus, die Selektion von jüdischen Geiseln in Entebbe oder die Befürwor-
tung des Anschlages auf die israelische Olympiamannschaft zeigten deutlich das
antisemitische Potential antizionistischer Positionierung und stehen gleichzeitig
für terroristische Auswüchse der extremistischen Linken. Im Zuge der Ereignisse
um den israelischen Libanonfeldzug 1982 reaktivierten sich die antizionistischen
Positionen und hielten Einzug in das gemäßigte linksliberale und grün-
alternative Milieu. Der Zusammenbruch des Realsozialismus und die Gescheh-
nisse während des zweiten Golfkrieges verstärkten die Reflexionsprozesse in der
Linken, so dass der antiimperialistische Antizionismus in Teilen der Linken zur
Disposition stand.

# 4 Mögliche Quellen eines linken Antisemitismus

Der Antizionismus der Neuen Linken kann, wie festgestellt, antisemitische Auswüchse annehmen. Wie aber konnte es innerhalb der Linken zu einer derartigen, der linken Mentalität doch eigentlich diametral entgegenstehenden Positionierung kommen? Der folgende Abschnitt wird mögliche Determinanten eines Antisemitismus von links näher bestimmen.

## 4.1 Frühformen von linkem Antisemitismus

Liegt die Ursache für antisemitische Färbung des Antizionismus etwa bei linken Vordenkern wie Marx? Oder anders gefragt, gibt es antisemitische Traditionsbestände in der Linken? Inwieweit haben antisemitismusverdächtige Schriften der Aufklärung, des Frühsozialismus und der frühen Arbeiterbewegung zu einer Ausbildung judenfeindlicher Ressentiments in nachfolgenden Generationen der Linken beigetragen? Welchen Anteil haben sie am antisemitisch gefärbten Antizionismus der westdeutschen Linken? Zur Klärung lohnt sich ein Blick in die Geschichte. Denn antisemitische Tendenzen gibt es seit langem - auch bei Linken. In den Arbeiten von Léon Poliakov[196] und Edmund Silberner[197] finden sich akribisch aufgearbeitete Sammlungen antijüdischer Entgleisungen prominenter Sozialisten, Aufklärer und Anarchisten.[198] Silberner stellt den Sozialisten dabei

---

196   Vgl. Poliakov, Léon: Geschichte des Antisemitismus. Band V, Die Aufklärung und ihre judenfeindliche Tendenz, Worms 1983.
197   Vgl. Silberner, Edmund: Sozialisten zur Judenfrage. Ein Beitrag zur Geschichte des Sozialismus vom Anfang des 19. Jahrhunderts bis 1914, Berlin 1962; vgl. Silberner, Edmund: Kommunisten zur Judenfrage. Zur Geschichte von Theorie und Praxis des Kommunismus, Opladen 1983.
198   Vgl. auch neuere Untersuchungen von: Brumlik, Micha: Antisemitismus im Frühsozialismus und Anarchismus, in: Brumlik, Micha/ Kiesel, Doron/ Reisch, Linda (Hg.): Der Antisemitismus und die Linke, Arnoldshainer Texte – Band 72, S. 7-17.; Kneer, Markus: Rationalistischer Antijudaismus im 19. Jahrhundert. Das antijüdische Vorurteil bei Hegel, Feuerbach, Bauer und Marx, in: Brosch, Matthias u.a. (Hrsg.): Exklusive Solidarität: Linker Antisemitismus in Deutschland. Vom Idealismus zur Antiglobalisierungsbewegung, Berlin 2007, S. 27-49; Hentges, Gudrun: Das Janusgesicht der Aufklärung. Antijudaismus und Antisemitismus in der Philosophie von Kant, Fichte, Hegel, in: Salzborn, Samuel (Hrsg.): Antisemitismus. Geschichte und Gegenwart. Schriften zur politischen Bildung, Kultur und Kommunikation, Band 2, 1. Aufl., Giessen 2004, S.11-32.

ein besonders schlechtes und folgenschweres Zeugnis aus, wenn er behauptet, dass „mit Ausnahme der Saint-Simonisten, die den Juden freundlich gesinnt waren, die meisten bedeutenden Sozialisten des 19. Jahrhunderts die Juden als Verkörperung sozialen Schmarotzertums betrachteten"[199]. Und in der Tat zeichnen sich die von Silberner oder Poliakov zusammengetragenen Äußerungen einflussreicher Sozialisten durch ihr besonderes Maß an antisemitischer Rhetorik aus. Bereits in den frühsozialistischen Schriften von Charles Fourrier über Pierre J. Proudhon bis zu den anarchistischen Schriften von Michail Bakunin ließen sich fragwürdige Argumentationen erkennen, die von scheinbarer Verharmlosung antisemitischer Ressentiments bis hin zu offenen antijüdischen Äußerungen ein breites antijüdisches Repertoire abdecken. Auch bei einer Reihe von Philosophen der Aufklärung wie Voltaire, Kant oder Fichte wurden antijüdische Ressentiments dokumentiert.[200] Anhand der gesammelten antijüdischen Entgleisungen aufklärerischer linker bzw. (früh-) sozialistischer Provenienz zeigt sich bereits, dass sich linksgerichtetes Denken und Antisemitismus keineswegs ausschließen. Genannte Frühsozialisten und Aufklärer waren letztlich Kinder ihrer Zeit, einer Zeit, zu der im besonderen Maße die Judenfeindschaft gehörte. Vor diesem Hintergrund führt Silberners Argumentation zu weit, wenn er in seinen Arbeiten versucht, einen linken Antisemitismus ideengeschichtlich herzuleiten und von einer „lang anhaltenden antisemitischen Tradition im modernen Sozialismus"[201] schreibt, die einen eigenständigen sozialistischen Antisemitismus geschaffen habe. Auch greift es zu kurz, eine ideengeschichtliche Antisemitismustradition im Sozialismus zu verorten, da bedeutende Sozialisten zumindest gegen Ende des 19. Jahrhunderts zu den entschiedensten und konsequentesten Gegnern des Antisemitismus gehörten.[202] Sofern es entsprechend schwierig ist, von einer antisemitischen Tradition in der Linken zu sprechen, so darf doch zumindest eine Tradition konstatiert werden, die durch „eine *besondere* Ablehnung des jüdischen Nationalismus und die Unterschätzung des Antisemitismus"[203] gekennzeichnet ist. Schwierig ist die Argumentation Silberners auch deshalb, da Karl Marx als eine Art Urquell eines linken Antisemitismus herausgestellt wurde.[204] So finden sich etwa in persönlichen Briefen von Marx entsprechend dis-

---

199   Silberner, Sozialisten zur Judenfrage, S. 286.
200   Vgl. ebd.
201   Silberner, Sozialisten zur Judenfrage, S. 290.
202   Als prominenteste Vertreter seien Engels und Bebel genannt. Vgl. Reiter, Unter Antisemitismusverdacht, S. 320-323; vgl. Haury, Antisemitismus von links, S. 160-182.
203   Ullrich, Die Linke, Israel und Palästina, S. 84. (=Hervorhebung im Original)
204   Siehe Silberner, Sozialisten zur Judenfrage, S. 142f., S. 294f.; vgl. ders., Kommunisten zur Judenfrage, S. 16ff., S. 311f.

kriminierende Äußerungen.[205] Besonders scharf diskutiert wurde und wird die Marxsche Frühschrift „Zur Judenfrage" von 1843, die folgende Sätze zum Inhalt hat: „Welches ist der Grund des Judentums? Das praktische Bedürfnis, der Eigennutz. Welches ist der weltliche Kultus der Juden? Der Schacher. Welches ist sein weltlicher Gott? Das Geld."[206] Vor allem Poliakov und Silberner begriffen Marx' Schrift „Zur Judenfrage" als ein antisemitisches Pamphlet und sehen in Marx einen ausgewiesenen Antisemiten. Andere Historiker und Soziologen kommen unter Einbeziehung der Marxschen Frühschrift in ihren jeweiligen gesellschaftlichen und theoretischen Entstehungskontext zu einer dezidierteren Auffassung und verwerfen den Antisemitismusvorwurf gegen Marx.[207] Gerade auch vor dem Hintergrund dieser teils heftig geführten Debatte soll und kann diese Arbeit nicht klären, ob Marx tatsächlich ein Antisemit gewesen ist. Es geht viel mehr darum herauszustellen, welche Wirkung von den genannten unter Antisemitismusverdacht stehenden Schriften auf die sozialistische linke Bewegung ausgegangen ist. Denn unabhängig davon, ob Marx' Schrift zur Judenfrage gewollte antisemitische Implikationen enthält, bleibt es festzuhalten, dass die von Marx verwendete Sprache geradezu zu Missverständnissen und möglichen Fehlinterpretationen einlädt. Entsprechend stellt auch Margit Reiter fest:

> „Mit seiner, meist als Gleichsetzung von Judentum und Kapitalismus mißinterpretierten Zirkulationskritik gehörte er (wie andere linke Theoretiker auch) zweifellos zu jenen, durch die die ohnehin weit verbreitete Vorstellung vom ,raffenden' (jüdischen) und ,schaffenden' (nichtjüdischen) Kapital und vom reichen ,jüdischen Kapitalisten' seine theoretische Fundierung erfuhr und somit der antikapitalistisch motivierten Variante des Antisemitismus neue Nahrung gegeben wurde. In der Tat findet sich dieser fatale Topos über die ganze Geschichte der Arbeiterbewegung hinweg in deren politischer Argumentation wieder."[208]

---

205  Beispielsweise bezeichnete Marx (in einem Briefwechsel mit Engels) Lasalle u. a. als einen „jüdischen Nigger". Zitiert nach Silberner, Sozialisten zur Judenfrage, S. 137.

206  Marx, Karl: Zur Judenfrage, in: Institut für Marxismus-Leninismus beim ZK der SED: Karl Marx, Friedrich Engels, Werke, Band I, Berlin 1957, S. 372.

207  Es gilt etwa zu berücksichtigen, dass in Marx' Zur Judenfrage der jüdische Glaube metaphorisch mit dem Kapitalismus in Verbindung gebracht wird. Dabei muss die Schrift als Reaktion auf das antisemitische Papier Die Judenfrage Bruno Bauers gelesen werden, in der Marx die eigentliche Emanzipation der Juden fordert. Vgl. Haury, Antisemitismus von links, S. 160-182; vgl. Claussen, Detlev: Vom Judenhaß zum Antisemitismus. Materialien einer verleugneten Geschichte, Darmstadt 1987, S. 26ff., S. 29ff.; vgl. Claussen, Detlev: Grenze der Aufklärung. Zur gesellschaftlichen Geschichte des modernen Antisemitismus, erw. Neuaufl., Frankfurt am Main 1994, S. 85ff.; vgl. Claussen, Detlev: Die antisemitische Erbschaft in der Sowjetgesellschaft, in: Brumlik, Micha / Kiesel, Doron / Reisch, Linda (Hg.): Der Antisemitismus und die Linke, Frankfurt am Main 1991, S. 83-95; Diner, Linke und Antisemitismus, S. 61-77; Na'aman, Shlomo: Marxismus und Zionismus, Gerlingen 1997, S. 31ff.

208  Reiter, Unter Antisemitismusverdacht, S. 321.

Der von Edmund Silberner aufgestellten These, dass „Zur Judenfrage" eine „Schlüsselstellung" in der Auseinandersetzung der sozialistischen Bewegung zu jüdischen Fragen gehabt habe, muss dennoch widersprochen werden.[209] So ist mittlerweile rezeptionsgeschichtlich nachgewiesen worden, dass der Marxsche Text, erstmals 1844 in den „Deutsch-Französischen Jahrbüchern" erschienen, eine eher geringe wirkungsgeschichtliche Relevanz zu entfalten wusste, da er lediglich von einem kleinen, relativ einflussarmen Leserkreis rezipiert wurde.[210] Es kann folglich kaum von einer in sich konsistenten antisemitischen Tradition des Sozialismus, von einer ideengeschichtlich fortlaufenden antisemitischen Stringenz von Marx über Stalin bis in die Neuen Linken gesprochen werden. Letztlich kann keine Genealogie skizziert werden, die eine kausale Verbindung der Marxschen Theorie mit dem antisemitisch firmierenden Antizionismus der kommunistischen Parteien und den neu-linken Bewegungen aufzuzeigen in der Lage wäre.[211]

> „Auch im Falle der in weiten Teilen der Neuen Linken nach 1967 auftauchenden Israel-Feindschaft spielen denkbare Einflussfaktoren eines traditionell antizionistisch konstituierten Marxismus eine bestenfalls marginale Rolle; nur in den seltensten Fällen haben Akteure der Palästina-Solidaritätsbewegung zur Legitimierung ihrer Agitation auf entsprechende Äußerungen sozialistischer Klassiker rekurriert."[212]

Es kann also nicht von einer antisemitischen Tradition in der linken Geistesgeschichte gesprochen werden. Allenfalls ist eine linke Tradition zu konstatieren, die dem jüdischen Nationalismus kritisch bis ablehnend gegenüberstand und den Antisemitismus immer wieder unterschätzt hat. Eine solche, sich aus einer universalistischen Emanzipationshoffnung speisende linke Kritik des Zionismus darf nicht verwechselt werden mit dem sowjetischen Antizionismus oder dem

---

209   „Hunderttausende, Millionen haben Zur Judenfrage mit dem gleichen Eifer und der gleichen Inbrunst ganz oder auszugsweise gelesen wie das Kommunistische Manifest. [...] Ob Marx es wollte oder nicht, er hat machtvoll dazu beigetragen, in seinen nichtjüdischen Anhängern antijüdische Vorurteile hervorzurufen oder sie in diesen Vorurteilen zu bestärken, und daneben hat er ein gut Teil seiner jüdischen Bewunderer ihrem Volke entfremdet. Er nimmt daher eine Schlüsselstellung in dem ein, was man mit einem neuen, aber treffenden Terminus nicht umhin kann, als die antisemitische Tradition des modernen Sozialismus zu bezeichnen." Silberner, Kommunisten zur Judenfrage, S. 42.(=Hervorhebung im Original)
210   Vgl. Leuschen-Seppel, Rosemarie: Sozialdemokratie und Antisemitismus im Kaiserreich. Die Auseinandersetzung der Partei mit den konservativen und völkischen Strömungen des Antisemitismus 1871-1914, Bonn 1978, S. 81ff; vgl. Haury, Antisemitismus von links, S. 178f; vgl. Kloke, Israel und die deutsche Linke, S. 178-180.
211   Vgl. Frindte, Wolfgang: Inszenierter Antisemitismus. Eine Streitschrift, 1. Aufl., Wiesbaden 2006, S. 74-85.
212   Kloke, Israel und die deutsche Linke, S. 179.

neu-linken Antizionismus nach Auschwitz. Der Antizionismus nach Auschwitz ist ein Phänomen, das im postfaschistischen Kontext gesehen und gedeutet werden sollte und daher nicht einfach bruchlos mit einem Antizionismus vor Auschwitz ideengeschichtlich verwoben werden kann. Der Antizionismus erfährt erst nach Auschwitz seine spezifisch antijüdische Zuspitzung. Die traditionell dem Zionismus ablehnend gegenüberstehende Haltung der Linken und die traditionelle Unterschätzung des Phänomens Antisemitismus leisten sicherlich einen Beitrag zu einer überzogen israelkritischen Ausrichtung der Neuen Linken, erklären jedoch nicht den radikalen Antizionismus, der antisemitische Inhalte transportierte.

Die Quellen, Ursachen und Motive des sich als Antizionismus gerierenden Antisemitismus der Sowjetunion und der Neuen Linken sind folglich weniger bei Marx und seinen sozialistischen Mitstreitern zu verorten, als sie anderen Faktoren geschuldet sind, die es im weiteren Verlauf dieser Arbeit zu untersuchen gilt.

## 4.2 Der antiimperialistisch begründete Antizionismus – eine Ideologiekritik

Mit Hilfe der im theoretischen Teil dieser Arbeit formulierten Kriterien und des zuvor vermittelten Antisemitismusverständnisses wurde der Blick zunächst auf die grundsätzlichen Inhalte eines sich antisemitisch gerierenden Antizionismus gerichtet. Bei der Erforschung der Quellen und Ursachen eines solchen Antisemitismus von links wird es notwendig sein zu ergründen, welchen Anteil die dem Antizionismus zugrunde liegenden Ideologien an der Produktion antisemitischer Inhalte haben. Welchen Anteil an den antisemitischen Inhalten in der antizionistischen Agitation hat die ihr zugrunde liegende antiimperialistische, im Kontext des Marxismus-Leninismus stehende Ideologie?

Hierfür wird die zuvor skizzierte Grundstruktur antisemitischen Denkens mit den ideologischen Strukturen der für den Antizionismus verantwortlichen linken Ideologien verglichen. Es wird die These vertreten, dass die antiimperiale Sicht der Neuen Linken auf den Nahostkonflikt und die damit einhergehende Fokussierung auf das Leid der Palästinenser in ihrer strukturellen Unterkomplexität dazu geführt hat, dass antisemitische Inhalte transportiert werden konnten. Der folgende Teil beruht in der Hauptsache auf den Arbeiten von Thomas Haury, der in diversen Publikationen[213] gezeigt hat, wie strukturell nah die Ideologien

---

213 Vgl. Haury, Thomas: „Das ist Völkermord!" Das „antifaschistische Deutschland" im Kampf gegen den „imperialistischen Brückenkopf Israel" und gegen die deutsche Vergangenheit, in: Brosch, Matthias u.a.: Exklusive Solidarität: Linker Antisemitismus in Deutschland. Vom Diealismus zur Antiglobalisierungsbewegung, Berlin 2007, S. 285-300; vgl. Haury, Thomas: Zur Logik des bundesdeutschen Antizionismus, in: Poliakov, Léon: Vom Antizionismus zum Anti-

des marxistisch-leninistisch geprägten Antiimperialismus und des modernen
Antisemitismus beieinander liegen.

### 4.2.1  Ideologie des Marxismus-Leninismus als antisemitisches Einfallstor

Wie in 2.2.4.2. bereits in groben Zügen skizziert, trat der Antizionismus nach
Auschwitz in der Linken im Kontext des Antiimperialismus auf, eine auf Lenin
zurückgehende ideologische Variante des Marxismus, welche im so genannten
Marxismus-Leninismus eine dogmatische Zuspitzung erfahren hat. Der antiimperialistische Antizionismus nach Auschwitz hatte folglich seinen hauptsächli-
chen Ursprung in der Sowjetunion, von wo aus er in die sogenannten Volksdemokratien getragen wurde und letztlich auch die Neue Linke, K-Gruppen und
Autonome erreichte.[214] Der Marxismus-Leninismus (ML) bezeichnet die spezifisch nationale Legitimationsideologie der Sowjetunion unter Stalin in Abgrenzung zu konkurrierenden kommunistischen Strömungen. Insofern war der Marxismus-Leninismus die offizielle Staatsideologie in der Sowjetunion inklusive
der Ostblockstaaten sowie in den sowjet-affinen kommunistischen Weltbewe-
gungen. Der marxistisch-leninistische auf Stalin zurückgehende neue Weg eines
Sozialismus im eigenen Land nahm vermehrt nationalistische Eigenschaften an.
Klassen bildeten das zentral-binäre Ordnungskriterium, welches das Freund-
Feind-Schema bestimmte. Gleichwohl berief sich der Marxismus-Leninismus
aber auf den Begriff des „Volkes" und verschmolz ihn mit dem eigentlich unver-
einbaren Begriff der Klasse zur zwitterhaften Bezeichnung „werktätiges" bzw.
„schaffendes Volk".[215] Dem guten „Volk" entgegen setzte der Marxismus-
Leninismus die Kapitalisten bzw. „Weltimperialisten", die entsprechend dieser
Logik ein „Anti-Volk", eine vaterlandslose, „anationale Kaste" darstellten.[216]
Insofern deckte sich die marxistisch-leninistische Ideologie, „was die Konstruktion einer weltweiten Verschwörung anationaler Finanzkapitalisten und deren
Entgegensetzung zum ‚werktätigen Volk' angeht, mit dem Antisemitismus"[217].
Eine derartige Nationalisierung erleichterte die Adaption antisemitischer Denk-
muster. Laut Thomas Haury war es Stalin, der den Antisemitismus in die Ideolo-

---

semitismus, Freiburg 1993, S. 125-159; vgl. Haury, Thomas: Von der linken Kritik des Zionismus zum Antisemitischen Antizionismus von links, in: Salzborn, Samuel (Hrsg.): Antisemitismus. Geschichte und Gegenwart, Gießen 2004, S. 127-158; vgl. Haury, Antisemitismus von
links.
214   Vgl. Ullrich, Die Linke, Israel und Palästina, S.42f.
215   Vgl. Haury, Antisemitismus von links, S. 441.
216   Ebd.
217   Ebd.

gie des Marxismus-Leninismus einfließen ließ. Dass dies überhaupt möglich war, liegt an grundsätzlichen strukturellen Gemeinsamkeiten zwischen dem Marxismus-Leninismus und dem antisemitischen Weltbild. Beiden ist sozusagen ein ähnlich komplexarmes Welterklärungsmodell eigen. Solche Affinitäten und Strukturanalogien des Marxismus-Leninismus zum antisemitischen Weltbild zeigen sich in „einer verkürzten, personifizierenden Kapitalismuskritik und vor allem in Formen antiimperialistischer Ideologie, die zum geschlossenen Weltbild geronnen sind"[218].

Wie schnell und radikal sich die marxistisch-leninistischen Denkstrukturen nach stalinistischem Vorbild mit antisemitischen Inhalten füllen konnten, kann auch anhand der frühen DDR nachgezeichnet werden. Zum Zwecke einer Lokalisierung des Klassenfeindes und der Erzeugung kollektiver Identität wurde im Stile antisemitischer Denkmuster personifiziert, verschwörungstheoretisch argumentiert und mit Geldmetaphern agitiert. Die Rede war etwa von einer weltweit agierenden Finanzmacht, die nach traditionell antisemitischem Muster an der „Wallstreet" lokalisiert wird. Antiamerikanismus verband sich einmal mehr mit Antisemitismus und wurde im Stile einer nationalsozialistischen Rhetorik transportiert: Die Staatspropaganda setzte dem guten „schaffenden Volk" das böse „raffende Volk" gegenüber und sprach von „feindlichen Agenten", „entarteten Elementen", „Schädlingen", von „Volksfeinden", die „zersetzen" und deshalb „entlarvt" und „ausgemerzt" werden müssten.[219] „Zionistische Organisationen" wurden zu „Todfeinde[n] des friedliebenden deutschen Volkes" und der anderen „Volksdemokratien" stilisiert.[220] Die simplifizierende Logik antiimperialer Denkmuster marxistisch-leninistischer Prägung identifizierte die USA, den Zionismus und die „jüdischen Kapitalisten" als Feinde des „schaffenden Volkes".[221]

Neben der die Ideologie des Marxismus-Leninismus strukturierenden binären Schematik, der verschwörungstheoretischen Argumentation und der personifizierenden Schuldzuweisung wird ein affirmatives Verhältnis zu nationalistischen Positionierungen sichtbar, was sich auch in den bundesrepublikanischen

---

218    Rensmann, Demokratie und Judenbild, S. 297.
219    Dokumente der SED, Bd. 2 (Berlin 1952), S. 158; zitiert nach Haury, Thomas: „Finanzkapital oder Nation". Zur ideologischen Genese des Antizionismus der SED, in: Jahrbuch für Antisemitismusforschung 5, 1996 o. O., S. 148-171.
220    Zitiert nach ebd., S. 159.
221    Das SED-Blatt „Neues Deutschland" stellte 1953 in diesem Zusammenhang fest: „Die zionistische Bewegung [...] wird beherrscht, gelenkt und befehligt vom USA-Imperialismus, dient ausschließlich seinen Interessen und den Interessen der jüdischen Kapitalisten." Neues Deutschland, 4. Januar 1953; zitiert nach ebd., S. 163.

Gruppierungen im linksradikalen, antiimperialistischen und kommunistischen Spektrum zeigt.[222]

„Die durch die Assimilierung des Antisemitismus an den Marxismus-Leninismus entstandenen Modifikationen machen den spätstalinistischen Antizionismus zu einer prototypischen Form des Antisemitismus nach Auschwitz."[223] Im Unterschied zum modernen Antisemitismus konnte sich der marxistisch-leninistische-Antizionismus keineswegs offen rassistisch legitimieren bzw. argumentieren, da sich die kommunistisch ausgerichtete Sowjetunion als antifaschistisch verstand und infolgedessen jedwede Konnotation zum Antisemitismus vermeiden musste.[224]

### 4.2.2 Zur Struktur des antiimperialistischen Weltbildes

Der Antizionismus war das verbindende Element, der gemeinsame Nenner innerhalb der 1968er Studentenbewegung und der sich in den 1970er Jahren herauskristallisierenden linksextremen Strömungen, fungierte quasi als „politisch-ideologischer Schulterschluss"[225]. Dem Antizionismus zugrunde liegt ein antiimperialistisches Weltbild, ein Deutungsmuster, mit dessen Hilfe die Komplexität der Konflikte in Asien, Afrika, Lateinamerika (im sog. Trikont) auf einen vereinfachenden Dualismus – nationale Befreiungsbewegung vs. Imperialistischer Aggressor – heruntergebrochen werden konnte. Ferner steckte hinter dem Antiimperialismus, der seit Lenin[226] und der Gründung der *Komintern* (Kommunistischen Internationalen) zu den Grundpfeilern kommunistischer Ideologie gehört, das politische Kalkül, die „imperialistischen" Staaten würden durch die Befreiungskämpfe in der Dritten Welt von der Peripherie her geschwächt.[227] Ideologisch betrachtet war der Antiimperialismus ein auf einem Freund-Feind-Schema basierender passgenauer Schlüssel zur Verdinglichung komplexer Strukturen. Ein solches Freund-Feind-Schema, das die Welt in gut und böse einteilt, also

---

222   Vgl. Rensmann, Demokratie und Judenbild, S. 302.
223   Haury, Antisemitismus von links, S. 444.
224   Ebd.
225   Rensmann, Demokratie und Judenbild, S. 299.
226   Seit der von Lenin 1916 verfassten Imperialismustheorie, die von der Annahme ausgeht, dass der Kapitalismus gewaltsam expandiert und daraus der Imperialismus als höchste Stufe dieser Expansion entsteht, ist der Antiimperialismus zu einem grundlegenden Begriff marxistisch-leninistischer Geschichtsinterpretation geworden. Vgl. Lenin, Wladimir Iljitsch: Der Imperialismus als höchstes Stadium des Kapitalismus, in: ders. Ausgewählte Werke, Bd. II, Berlin 1986, S. 643-770.
227   Vgl. Haury, „Das ist Völkermord!", S. 289f.

manichäisch interpretiert, richtet sich nach seinem Selbstverständnis gegen den Imperialismus, der fast ausschließlich von den USA und Israel identifiziert und personifiziert wird.[228] Dem „Weltimperialismus" entgegen standen die „sozialistische Staatengemeinschaft", die „Völker" der Dritten Welt und die „Werktätigen" in den kapitalistischen Staaten.[229]

Nachdem die revolutionären Pläne der Neuen Linken in der Bundesrepublik durch das Scheitern der Anti-Springer-Kampagne, die Verabschiedung der Notstandsgesetze und die vielen vergeblichen Versuche, das heimische „Proletariat" über seine wahre Lage aufzuklären, herbe Rückschläge erfahren hatten, rückte die Dritte Welt mehr und mehr in den revolutionären Fokus. Nun schien die Linke zumindest in den nationalen Befreiungsbewegungen „die Verkörperung der weltrevolutionären Kräfte gefunden zu haben"[230]. Die aufkommende und sich zunehmende stärker artikulierende Verherrlichung der „guten und unterdrückten Völker" war auch einer zunehmenden Orientierung der Neuen Linken an einen maoistisch gefärbten Marxismus-Leninismus geschuldet.[231] Die Anwendung des Antiimperialismus auf die nationalen Befreiungskriege sorgte für klare Verhältnisse. Die Legitimation der Unterstützung des zu befreienden Volkes beruhte auf der Selbstbestimmung dieses Volkes gegen Herrschaft und imperialistische Ausbeutung. Herrschaft wurde simplifizierend als Fremdherrschaft gedeutet, Kapitalismus und Imperialismus wurden infolge der antiimperialistischen Lesart nicht als soziale Strukturen politischer Ordnungen gewertet, sondern auf Ausbeutung reduziert.[232] Neben einer solchen Simplifizierung gesellschaftlicher Verhältnisse gilt nach Thomas Haury als ein weiteres Strukturmerkmal des antiimperialistischen Weltbildes seine nationalistische Ausrichtung. Die Neue Linke opferte im Zuge dieser einseitigen Identifikation ihre doch ursprünglich anationale Positionierung eines kosmopolitischen Internationalismus zugunsten eines propagierten Selbstbestimmungsrechts der Völker. Die Glorifizierung völkischer Befreiungsmythen ging einher mit einer „unkritisch-affirmativen Besetzung der Begriffe Nation, Staat, Volk"[233]. Diese Versuche, die Kategorien des Befreiungsnationalismus auf die Situation in der Bundesrepublik zu übertragen, gingen mit der Wiederentdeckung des deutschen Volkes einher.[234]

228 Vgl. Haury, „Das ist Völkermord!", S. 289f.
229 Ebd.
230 Haury, Zur Logik des bundesdeutschen Antizionismus, S. 139-140.
231 Vgl. ebd., S. 140.
232 Vgl. Rensmann, Demokratie und Judenbild, S. 303f.
233 Haury, Zur Logik des bundesdeutschen Antizionismus, S. 140.
234 So verfasste das „ZK" der K-Gruppe KPD/ML 1973 eine „Erklärung zur nationalen Frage", in der neben der „physischen Wesensart des deutschen Volkes" weitere Nationalismen kursieren, die sich von rechtsextremen Positionen kaum unterscheiden. Vgl. Rensmann, Demokratie und Judenbild, S. 302.

Darüber hinaus neigt die antiimperialistische Ideologie dazu, komplexe Phänomene monokausal auf den Einfluss Einzelner zurückzuführen. Solche Personifi-
zierungen (mit Vorliebe in Gestalt böser US-Finanzkapitalisten) werden leicht
mit dem Motiv der Verschwörung angereichert, so dass letztlich Einzelne welt-
umspannend herrschen und unterdrücken.[235]

Es bleibt festzuhalten: Das antiimperialistische Weltbild ist charakterisiert
durch: Erstens - binäres Denken, dem „guten unterdrückten" Volk werden die
„bösen Imperialisten" gegenübergestellt. Zweitens – durch die Tendenz, politische
und ökonomische Vorgänge verkürzt wahrzunehmen, verschwörungstheoretisch
zu unterfüttern und personalisierend einer beistimmten Gruppe zuzuweisen.
Drittens – durch Aufgreifen einer nationalistischen Dimension, die einen positi-
ven Bezug zu den Kategorien „Nation" und „Volk" herzustellen weiß. Vergleicht
man diese Strukturmerkmale der antiimperialistischen Ideologie mit denen des
antisemitischen Weltbildes, zeigen sich deutliche Affinitäten beider Denkstrukturen. Beide werden strukturiert durch Manichäismus, binäres Denken, Personifizierung, Verschwörungstheorien und einen überhöhten Volksbezug.

Zwar kommen in der antiimperialistischen Weltdeutung Juden[236] gar nicht
vor, die aufgezeigte strukturelle Ähnlichkeit zum antisemitischen Weltbild aber
ermöglicht es dem antiimperialistischen Weltbild, unter gewissen Umständen
auch inhaltlichen Antisemitismus hervorzubringen. Wird das antiimperialistische
Erklärungsmodell auf Nahost angewandt, kann es zu solch inhaltlich antisemitischen Ausformungen, wie im Folgenden gezeigt wird, kommen.[237]

### 4.2.3  Der antiimperialistische Blick auf Nahost

Ein Blick durch die antiimperialistische Brille auf den Nahost-Konflikt strukturiert das komplexe Geschehen nach einem binären Muster, so dass bestimmte
Stereotype antisemitischer Tradition es leicht haben, darin Platz zu finden. Innerhalb der manichäisch strukturierten antiimperialistischen Weltdeutung muss
nach dieser Logik der den imperialistischen Staaten USA und BRD nahe stehende Staat Israel schnell als imperialistisch assoziiert werden.[238] Vor diesem Hin-

---

235  Vgl. ebd., S. 290.
236  Demnach steht nicht der Jude im Zentrum dieser dem Marxismus-Leninismus entsprungenen
      Denkart, sondern der Volksfeind. In das Bild des Volksfeindes allerdings wird der Jude
      „kunstvoll" implantiert. So argumentiert Heinz Brandt. Siehe Brandt, Heinz: Broder kämpft
      gegen Windmühlenflügel: Die deutsche Linke ist nicht antisemitisch; schlimmer: sie ist philo-
      kremlistisch, in: Schneider, Karlheinz/ Simon, Nikolaus (Hrsg.): Solidarität und deutsche Ge-
      schichte. Die Linke zwischen Antisemitismus und Israelkritik, Berlin 1984, S. 101ff.
237  Vgl. Haury, „Das ist Völkermord!", S. 290f.
238  Vgl. ebd.

tergrund kann der Antizionismus als die „Anwendung des antiimperialistischen Schemas auf den Konflikt zwischen Israel und der palästinensischen nationalen Befreiungsbewegung"[239] angesehen werden.

Unter Anwendung der antiimperialistischen Schablone wurden die Palästinenser zu dem „guten Volk" stilisiert und die Israelis bzw. der Zionismus als imperialistisch klassifiziert und zum „Brückenkopf gegen die nationalen Befreiungsbewegungen"[240] erklärt. Folgt man dieser Logik, ist es notwendig, den Israelis den Charakter eines Volkes abzusprechen, da man ansonsten beiden Konfliktparteien das Recht auf nationale Selbstbestimmung hätte zugestehen müssen.[241] Israel wurde folglich zu einem künstlichen Gebilde erklärt. Analog dazu wurde der Name Israel in Anführungszeichen gesetzt. Gemäßigtere Antizionisten erklärten sich zwar noch bereit, die Existenz eines jüdischen Volkes anzuerkennen. Allerdings nicht in der Gestalt Israels bzw. nicht nach zionistischem Muster, galt der Zionismus doch als „Ideologie reaktionärer jüdischer Kapitalisten"[242]. Die radikaleren Antizionisten jedoch bestritten die generelle Existenz eines jüdischen Volkes und beriefen sich dabei auch auf die palästinensische Nationalcharta[243], in der „Heimatboden" und „Identität" als „genuine unauslöschliche Eigenschaft[en]" das Volk charakterisierten.[244] Lassen sich derartige Begründungen nach völkischem Muster erst einmal in die Argumentation einbauen, dann verkommt Israel zu einem „mit geraubtem Land und geschnorrtem Geld errichtete[n] künstliche[n] Gebilde"[245] mit „parasitärem Charakter"[246].

---

239  Haury, Zur Logik des bundesdeutschen Antizionismus, S. 141.
240  Arbeiterkampf, November 1973; zitiert nach Haury, Zur Logik des bundesdeutschen Antizionismus, S. 142.
241  Vgl. ebd.
242  Rote Pressekonferenz, 18.10.1973; zitiert nach ebd.
243  In der 1968 verabschiedeten PLO-Charta wurde in den Artikeln 4 und 5 ein völkisch ausgerichtetes Staatsangehörigkeitsprinzip verankert: „Die palästinensische Identität ist ein echtes, essenzielles und angeborenes Charakteristikum; sie wird von den Eltern auf die Kinder übertragen. (...)" Weiter in Artikel 5 heißt es ergänzend: „Palästinenser sind solche arabischen Staatsangehörigen, die bis zum Jahr 1947 regulär in  Palästina ansässig waren, ohne Rücksicht darauf, ob sie von dort vertrieben wurden oder dort verblieben. Jedes Kind eines palästinensischen Vaters, das nach diesem Zeitpunkt geboren wurde – (sei es nun) in Palästina oder außerhalb – ist ebenfalls Palästinenser." Palästinensische Nationalcharta (Fassung vom 17. Juli 1968) unter http://www.palaestina.org/dokumente/plo/plo.php, 10.11.2009. Eine solche Auslegung der Staatsangehörigkeit sollte außerdem sicherstellen, dass Palästinenser, die in arabischen Staaten aufgenommen wurden, weiterhin als Palästinenser galten und somit ihren Status als Flüchtling behielten, was man als Druckmittel gegen Israel einzusetzen wusste. Vgl. Küntzel, Matthias, Djihad und Judenhass, S. 112f.
244  Al Karamah Nr. 2, 1986; zitiert nach Haury, Zur Logik des bundesdeutschen Antizionismus, S. 143.
245  Arbeiterkampf, Januar 1975; zitiert nach ebd., S. 145.
246  Konkret, 28.06.1973; zitiert nach ebd.

So ist der Weg bereitet, Israel bzw. den Zionismus auch personifizierend und verschwörungstheoretisch argumentierend zu diffamieren. Demgemäß hat diese Arbeit bereits zeigen können, wie leichtfertig Antizionisten von der „zionisti-schen Weltverschwörung" oder einem „Groß-Israel" zu argumentieren in der Lage sind.

Es bleibt festzuhalten, dass das antiimperialistische Weltbild der Neuen Linken – angewendet auf den Nahost-Konflikt – antisemitische Stereotype her-vorbringen konnte. Das linke Welterklärungsmodell nach antiimperialistischem Muster reduziert und verkürzt komplexe ökonomische, politische und soziale Zusammenhänge derart, dass es den antisemitischen Erklärungsstrukturen struk-turell ähnelt. Übertragen auf Nahost werden aus den strukturellen Affinitäten schließlich inhaltliche.

## 4.3  Ausstieg aus der Geschichte

Dass der Antizionismus der Linken nach Auschwitz antisemitische Inhalte zu produzieren in der Lage war, hängt sicher auch mit einem undifferenzierten Ge-schichtsverständnis zusammen, das aus einer mangelnden Auseinandersetzung mit Antisemitismus, Nationalsozialismus, Faschismus, Zionismus und Judentum resultierte.[247]

Wenn linke Antizionisten infolge ihrer radikalen Positionierung im Bezug auf Israel die Auflösung des jüdischen Staates forderten, so schien dies auch einer völligen Ignoranz gegenüber dem Antisemitismus, ja gegenüber der histo-rischen Zäsur, für die Auschwitz steht, geschuldet zu sein. Denn die Linke konn-te Israel nur dann das Existenzrecht absprechen, wenn sie die Notwendigkeit eines jüdischen Staates als Folge der nationalsozialistischen Verbrechen übersah. Der Antizionismus musste Israel von Auschwitz trennen, um die Auflösung Israels, um die „Zerstörung des imperialistischen Brückenkopfes" fordern zu können. Diese Ignoranz vor der Geschichte, das Beharren auf einer antizionisti-schen Konzeption, die sich nun (verglichen mit dem Zionismus vor Auschwitz) gegen einen real existierenden zionistischen Staat richtete, war die gravita-torische Fehlkonstruktion eines Antizionismus nach Auschwitz, der argumentier-te, als hätte es den millionenfachen Judenmord nie gegeben. Im Gegensatz zu einem linken Antizionismus vor Auschwitz, der eine abstrakt-theoretische

---

247  Vgl. Heenen, Susann: Deutsche, Linke Juden und der Zionismus, in: Wetzel, Dietrich (Hrsg.):
     Die Verlängerung von Geschichte. Deutsche, Juden und der Palästinakonflikt, Frankfurt am
     Main 1983, S. 108f. Heenen attestiert der deutschen Linken eine selektive Wahrnehmung der
     zionistischen Bewegung und eine politische Fehleinschätzung israelischer Wirklichkeit.

Diskussion gegen den Zionismus in dem Glauben führte, die Integration und Emanzipation machten jenen überflüssig, richtet sich der Antizionismus nach Auschwitz nicht mehr gegen ein theoretisches Konstrukt. Er richtet sich gegen einen real-existierenden Staat, der aus dem grausamen Bewusstsein erwuchs, dass auch Assimilation und Integration der europäischen Juden den Ausbruch des Vernichtungsantisemitismus nicht verhindern konnten. Auch wenn es bereits vor der Staatsgründung Israels 1948 allerlei zionistische Aktivitäten in Palästina gab, die verdeutlichten, dass ein jüdischer Staat möglich ist, so hat doch nichts so sehr wie die industrielle Vernichtung durch die Nationalsozialisten gezeigt, wie notwendig ein solcher Staat, ja wie alternativlos er als Zufluchtsstätte für alle Juden ist. Die Linke musste also, wollte sie weiterhin einen Antizionismus propagieren, der das Existenzrecht Israels negiert, die Judenvernichtung verdrängen.

Einen Einstieg in eine solche Verdrängung bot das „Pathos des doppelt reinen Gewissens"[248]. Dahinter steckt der Glaube, dass man als Nachgeborener und als Linker per definitionem mit Antisemitismus nichts zu tun haben könne. Der Annahme, ein nachgeborener Linker hätte den Antisemitismus der Elterngeneration nicht zu verantworten, gebührt eine gewisse Berechtigung. Aber zu glauben, man könne, da man sich moralisch von der Verantwortung der Elterngeneration freispricht, aus der Geschichte aussteigen und im Umgang mit den Israelis beispielsweise besondere Härte demonstrieren, da man mit vergangenem Leid nichts zu tun gehabt habe, ist zu kurz gesprungen. Aus der nationalsozialistischen Vergangenheit resultiert eine besondere Verantwortung aller. Also auch der Nachgeborenen, auch der Linken. Detlef Claussen merkte hierzu an, dass sich „der moralische Impetus der Neuen Linken (...) mit der Ideologie der Stunde 0, die in beiden deutschen Staaten sich durchsetzte, (...) nicht versöhnen (musste)"[249]. Das Pathos des doppelt reinen Gewissens führte folglich zu einer solchen Ideologie der „Stunde null" auf Seiten der Neuen Linken. Aus dieser Haltung heraus resultiert dann der Glaube, die Linke könne den Zionismus so kritisieren, als hätte es den Holocaust nie gegeben.[250] Sie klammerte die Shoah einfach aus, ging den einfachen Weg der Geschichte, der sie in die Geschichtslosigkeit trieb.

---

248  Simon, Nikolaus: Die Westbank Zuhause, in: Schneider, Karlheinz/ Simon, Nikolaus (Hrsg.): Solidarität und deutsche Geschichte. Die Linke zwischen Antisemitismus und Israelkritik, Berlin 1984, S. 9.

249  Claussen, Detlev: Im Hause des Henkers, in: Wetzel, Dietrich (Hrsg.): Die Verlängerung von Geschichte. Deutsche, Juden und der Palästinakonflikt, Frankfurt am Main 1983, S. 115.

250  Die Nahostgruppe Freiburg war sich sicher, dass der Zionismus und der Antisemitismus miteinander nichts zu tun hätten und argumentierte: „Die zionistische Ideologie entstand um die Jahrhundertwende. [...] Erst später kommt bei einigen zionistischen Ideologen der sog. „ewige Antisemitismus" als Rechtfertigung für den Staat Israel hinzu." Zitiert nach Haury, Zur Logik des bundesdeutschen Antizionismus, S. 146.

Eine derartige Geschichtslosigkeit beschrieb Jean Améry 1969 bereits mit den Worten:

> „Um das Phänomen Israel zu verstehen, muss man aber auch voll umfänglich die jüdische Katastrophe begreifen. In Israel ist, metaphorisch gesprochen, jedermann Sohn, Enkel, eines Vergasten; in Deutschland und im übrigen Europa kann man es sich leisten, überhaupt nicht ‚Sohn', nicht ‚Enkel' zu sein. Jede Stunde ist für die Neulinke die Stunde null, jeder Tag ist ein Neubeginn. (...) Die Neue Linke begreift nicht, daß Israel immer noch und wohl einige Dezennien Zukunft lang nur vor dem finsteren Hintergrund der Katastrophe gesehen werden kann. Israel ist – aber wie soll man jungen Menschen das deutlich machen? – kein Land wie irgendein anderes: es ist die Zufluchtsstätte, wo Überlebende und Verfolgte nach langer Wanderschaft sich in tiefer Erschöpfung niederließen."[251]

Der Antizionismus der Neuen Linken fußte nach dieser zugegeben zugespitzten Lesart auf einem aus dem Gefühl der moralischen Überlegenheit resultierenden unreflektierten Umgang mit der jüngsten deutschen Geschichte, verband sich mit einer „Energie der Unschuld"[252] zu einer völligen Geschichtslosigkeit und war infolgedessen besonders anfällig für antisemitische Entgleisungen.

## 4.4  Neulinke Faschismus-Rezeption

Hinzu trat eine völlige Fehleinschätzung des Antisemitismus bzw. seines ideologischen Gehalts. Er wurde zur Randerscheinung des Nationalsozialismus erklärt, zu einem „bloßen Nebenaspekt des Nationalsozialismus herunterdefiniert"[253]. Er

---

251  Améry: Die Linke und der „Zionismus" (1969), S. 144.
252  Der französische Autor Alain Finkielkraut benutzte die Bezeichnung von der „Energie der Unschuld" in Bezug auf die antizionistische Linke in Frankreich und beklagte damit die allzu leichtfertige Auseinandersetzung der französischen Neuen Linken mit dem Antisemitismus und einem daraus resultierenden radikalen Antizionismus, der antisemitische Stereotype reproduzierte. In seiner Schrift „Der eingebildete Jude" heißt es dazu: „Doch für den radikalen Antizionisten gibt es keine Juden. Keine Skrupel behindern ihn, keine Erinnerung dämpft seinen Eifer. Gerade weil er nicht die geringste Vorstellung von dem hat, was Antisemitismus ist, reproduziert er dessen Schrecken. [...] Da sein Antizionismus keine Stilfigur ist, kann auch kein Apriori seine Gewalt einschränken. Keine Zweifel und keine Gewissensbisse fechten ihn an, denn der neue Feind, den er bekämpft, symbolisiert alle Eigenschaften, die ihn die politische Moral des letzten halben Jahrhunderts hassen gelehrt hat: Rassismus, Imperialismus, Geldherrschaft. Deshalb engagiert er sich mit der Energie der Unschuld. Und es gibt nichts Schrecklicheres als diese Unschuld. Sie ist das Vergessen selbst. Nie würde die Geschichte rückfällig werden, wenn diese Akteure nicht so oft die schreckliche Gewissheit hätten, eine makellose und noch nie dagewesene Sache zu verteidigen." Finkielkraut, Alain: Der eingebildete Jude. Frankfurt am Main 1984, S. 157-158 (=Hervorhebung im Original).
253  Fichter, Der Staat Israel und die neue Linke in Deutschland, S. 90. Fichter stellt fest, dass es nach 1945 in der Sozialdemokratie und der KPD „keinen ernsthaften Versuch, die Ursachen des Antisemitismus zu analysieren" gegeben hat. Ebd., S. 84.

galt als bürgerliche Ideologie und wurde als ein Moment, ja als Instrument natio-nalsozialistischer Ideologie verharmlost.[254] Hier hat die Neue Linke „dem Be-dürfnis nach Geschichtslosigkeit nachgegeben, die aus dem Verlangen nach historischer Unschuld resultiert"[255]. Antisemitismus wurde (nach marxistisch-leninistischer Tradition) als Herrschaftsmittel, als eine Art Ablenkungsmanöver der herrschenden Eliten vereinfacht wiedergegeben. Eine direkte geschichtliche Auseinandersetzung, ferner eine Ursachenanalyse des Antisemitismus fand nicht statt, da der Faschismus im Allgemeinen diskutiert und vor dem Hintergrund diverser Faschismustheorien trivialisiert wurde. Die Linke deutete den Faschis-mus nach der Dimitroffschen Formel[256]. Faschismus wurde nach dieser Lesart charakterisiert als „die [6] offene, terroristische Diktatur der reaktionärsten, chauvinistischsten, am meisten imperialistischen Elemente des Finanz-kapitals"[257]. Der Faschismus wurde so zum Werkzeug der Herrschenden, die Nationalsozialisten zu Marionetten der Finanzkapitalisten verklärt. Auf dieser Grundlage ließ sich wiederum ein positiver Volksbezug erzeugen, da das deut-sche Volk von faschistischen Machthabern gegen seinen Willen instrumentali-siert worden sei.[258] Der Rückgriff auf die Dimitroffsche Faschismusdefinition hatte folglich ein (von der nationalsozialistischen Vergangenheit) entlastendes Moment. Der Nationalsozialismus wurde quasi zum Faschismus universalisiert und damit entnationalisiert.[259] Die simple Gleichsetzung Nationalsozialismus = Faschismus erlaubte es der Linken, den Faschismus als Folge kapitalistischer Herrschaft auch auf andere kapitalistische Staaten zu projizieren. Die Neue Lin-ke gebrauchte den Faschismusbegriff inflationär. Dieses den Nationalsozialismus relativierende Faschismusverständnis ließ die bürgerliche Gesellschaft der BRD in den Augen der Neuen Linken schnell faschistisch erscheinen und auch in den USA oder Israel faschistische Regime erkennen. „Derart seiner zentralen Bedeu-tungsgehalte beraubt, war der Schritt zur Internationalisierung und Ubiquitari-sierung des Faschismusvorwurfs rasch getan. Am Ende dieses Prozesses stand

---

254  Vgl. Schneider, Karlheinz: Israel; jüdische und deutsche Identität. Anmerkungen zum Seminar „Solidarität und deutsche Geschichte", in: Schneider, Karlheinz/ Simon, Nikolaus (Hrsg.), So-lidarität und deutsche Geschichte, S. 139f.

255  Claussen, Im Hause des Henkers, S. 116.

256  Die Dimitroffsche Faschismusdefinition geht zurück auf Georgi Dimitroff.

257  Dimitroff, Georgi: Die Offensive des Faschismus und die Aufgaben der Kommunistischen Internationale im Kampf für die Einheit der Arbeiterklasse gegen den Faschismus. Siehe unter http://www.mlwerke.de/gd/gd_001.htm, 10.11.2009.

258  Im besonderen Maße kam dieses Faschismusschema in der DDR zur Anwendung. So konnte die DDR-Führung das für die eigene Politik benötigte „Deutsche Volk" als von Hitler verführt und vom Finanzkapital unterdrückt darstellen und es von der jüngsten Vergangenheit entlasten. Siehe Haury, Antisemitismus von links, S. 374ff.

259  Vgl. Haury, Antisemitismus von links, S. 377f.

die ersehnte Gleichung: ,Zionismus = Faschismus'."[260] Und in der Tat wurde kaum ein anderer Staat von Seiten der Linken, von den K-Gruppen über die Palästina Komitees bis zu den Grünen so oft und derart konsequent des Faschismus bezichtigt wie Israel. So gesehen führte ein inflationärer Gebrauch des Faschismusbegriffes zu einer Relativierung des Nationalsozialismus.[261] Der moderne Antisemitismus und Auschwitz als Synonym für die Judenvernichtung wurden, wenn überhaupt, nur am Rande diskutiert. Folglich glaubte die Neue Linke bedenkenlos gegen Israel agitieren zu können und nahm scheinbar unbekümmert antizionistische Zuspitzungen in Kauf, die antisemitische Stereotype produzierten.

## 4.5  Exkulpation und nationale Projektion

Im Antizionismus der Neuen Linken bzw. im dargestellten reduzierten Antisemitismusverständnis und im aufgeblasenen Faschismusbild zeigten sich auch Strategien nationaler Entlastung, in dessen Verlauf nationale Herrschaftskategorien wie Nation oder Volk adaptiert wurden. Die bereits gezeigte Universalisierung des Faschismusbegriffes und seine willkürliche Anwendung auf andere kapitalistische Staaten, exemplarisch etwa die Parole „SS-SA-USA", relativierte nicht nur nationalsozialistische Verbrechen, sondern war auch, ob gewollt oder nicht, dem Bedürfnis nach einer Entlastung Deutschlands von der nationalsozialistischen Vergangenheit geschuldet.[262] Insofern hatte

> „die Verwendung eines abstrakten, auf verallgemeinerbare Strukturmerkmale insistierenden Faschismusbegriffs, der die historische Zentralität und Einzigartigkeit der Judenvernichtung faktisch leugnete, (...) objektiv eine die Tätergeneration exkulpierende Funktion"[263].

Dem Wunsch nach Entlastung, nach „deutscher Normalität" leistete im Besonderen die Verkehrung von Tätern und Opfern Vorschub. Nazi-Analogien hatten

---

260  Kloke, Israel und die deutsche Linke, S. 187.
261  Einen unreflektierten Begriffsgebrauch kritisiert auch Dietrich Wetzel: „Wer als deutscher Linker daran teilnimmt, diese Begriffe [gemeint sind: Faschismus, Hitler, Juden, Völkermord, Holocaust] zu Metaphern für anderes werden zu lassen als das, was war, der vermehrt das geschehene Unrecht durch Gleichgültigkeit und er vermindert die Chance, unserer Geschichte und ihren Ursachen so auf den Grund zu gehen, daß endlich gesellschaftliche Konsequenzen daraus gezogen werden können." Wetzel, Dietrich: Die Verlängerung von Geschichte, in: Ders. (Hrsg.): Die Verlängerung von Geschichte. Deutsche, Juden und der Palästinakonflikt, Frankfurt am Main 1983, S. 13.
262  Vgl. Wetzel, Die Verlängerung von Geschichte, S13f.
263  Kloke, Israel und die deutsche Linke, S. 187.

besonders in den 1970er und 1980er Jahren Hochkonjunktur. Die bereits ausschnitthaft gezeigten Entgleisungen linker Gruppierungen beispielhaft zugespitzt in einer Äußerung der „Trotzkistischen Liga Deutschlands" auf einem „Teach-in" im Frankfurter Volksbildungsheim 1982:

> „Die Zionisten benutzen nicht nur die ,Herrenmenschen-Sprache' des Nazi-Holocaust, sondern auch seine Völkermordpraktiken. Bevor gefangene PLO-Kämpfer in Konzentrationslager in Israel abgeführt werden, markiert man ihren Rücken mit weißen Kreuzen – in Auschwitz und Treblinka war es der Davidstern."[264]

In solchen Darstellungen, in denen die Palästinenser zu den „Opfern der Opfer" und die Israelis zu Tätern, zu den „heutigen Nazis" gemacht werden, äußert sich auch der Wunsch, „endlich ,normal' und unbelastet von der Geschichte des eigenen Kollektivs zu leben"[265]. Darüber hinaus muss eine solche Identifizierung Israels mit dem Nationalsozialismus als Legitimierung von Gewalt gegen Israel gesehen werden: Ist der Faschismus lokalisiert, muss er letztlich bekämpft werden. Ein besonders aggressives Bedürfnis nach Exkulpation kommt beispielsweise in der radikal antizionistischen Argumentation zum Tragen, die Zionisten hätten im Zuge des sog. „Ha'avara-Abkommens" gemeinsame Sache mit den Nazis gemacht, und die Aussiedlung der jüdischen Bevölkerung nach Palästina maßgeblich vorangetrieben.[266]

Insofern betrieb die Linke mit ihrer Form der „Normalisierung" lange vor Helmut Kohl ihre Version von der „Gnade der späten Geburt".

> „In der Bekämpfung der deutschen Vergangenheit an Israel wird so das Geschäft der Normalisierung und Restituierung des deutschen Nationalgefühls betrieben, wieder einmal auf Kosten der Juden – veritabler sekundärer Antisemitismus ,linker' Provenienz."[267]

Insofern ist mit dem Entlastungsmotiv, mit der von links betriebenen emotional aufgeladenen Aufrechnung der von Nationalsozialisten begangenen Verbrechen mit den von Israel vollzogenen militärischen Aktionen die Frage nach der Rele-

---

264   Zitiert nach Heenen, Deutsche Linke, linke Juden und der Zionismus, S. 103.
265   Haury, Zur Logik des bundesdeutschen Antizionismus, S.153.
266   Zum Ha'avara-Abkommen vgl. Schölch, Alexander: Das Dritte Reich, die zionistische Bewegung und der Palästinakonflikt, in: Wetzel, Dietrich (Hrsg.): Die Verlängerung von Geschichte. Deutsche, Juden und der Palästinakonflikt, Frankfurt am Main 1983, S. 68ff.; vgl. Kübler, Elisabeth: Antisemitismus-bekämpfung als gesamteuropäische Herausforderung. Eine Vergleichende Analyse der Maßnahmen der OSZE und der EUMC, Diplomarbeit, Wien 2004, S. 96.
267   Haury, Antisemitismus von links, S. 154.

vanz einer nationalen Identität verknüpft.[268] Wolfgang Pohrt[269] schreibt hierzu:

> „Wenn nun, im dritten Nahostkrieg, Mitte Juni 1982, die westdeutsche Linke und allen
> voran die ‚taz' von Völkermord, Holocaust und Vernichtung spricht und die Operationen
> der israelischen Armee damit meint, dann ist mit dieser verlogenen Zweckpropaganda
> weder den bedrohten Palästinensern geholfen noch erleidet die israelische Armee den red-
> lich verdienten Schaden, sondern der einzige Nutznießer sind deutsche Nationalgefüh-
> le."[270]

Schließt sich der Sehnsucht nach historischer Entlastung eine Sehnsucht nach
nationaler Identität an? Zweifelsohne gab es auch in der Linken Bedürfnisse
nach nationaler Selbstfindung.[271] Im Zuge einer Entdeckung identitätsstiftender
Größen wie „Nation" und „Volk" wurden Stimmen in der Linken laut, die den
Weg zu einem rhetorischen Schulterschluss mit der deutschen Rechten bereite-
ten.[272] Der anfänglich angestrebte Internationalismus der Neuen Linken wurde

---

268  Kloke, Israel und die deutsche Linke, S. 187ff.
269  Der 1945 geborene linke Publizist Wolfgang Pohrt kritisierte vor allem den Antiamerikanismus
     in der Ende der 1970er, Anfang der 1980er Jahre aufkommenden Ökologie- und Friedensbe-
     wegung. Ein Antiamerikanismus, der nach Auffassung Pohrts mit der Wiedererlangung natio-
     naler Befindlichkeiten einherging. Exemplarisch äußerte sich Pohrt diesbezüglich in einem In-
     terview vom 08.11.1983 folgendermaßen: „Und wie soll man es interpretieren, wenn Friedens-
     bewegte meinen, sich gegen den amerikanischen Kulturimperialismus aufbäumen zu müssen,
     der dieses Land immerhin zeitweilig vom Heimatfilm, von Schlagerschnulzen und vom ärgsten
     Nazikitsch befreit hat, von all den Dingen, die jetzt wieder im Kommen sind? Und wie kommt
     es, daß die Linken von damals heute vergessen haben, daß die Protestbewegung hier eine Ame-
     rikanisierung des öffentlichen Lebens gewesen war, ganz einfach deshalb, weil es eine radikal-
     demokratische Tradition hier nicht gab, und natürlich auch nicht deren Aktionsformen wie ‚Sit
     in', ‚Go in', ‚Teach-in' – kaum zufälligerweise bis heute Amerikanismen? Wer die Befreier
     von den Nazis hier als Besatzer bezeichnet, hat damit eindeutig politisch Position bezogen."
     Pohrt, Wolfgang: Kreisverkehr, Wendepunkt. Über die Wechseljahre der Nation und die Linke
     im Widerstreit der Gefühle, Berlin 1984, S. 62. Näheres zu Nationalismus und Antiamerika-
     nismus in der Friedensbewegung siehe Pohrt, Wolfgang: Stammesbewusstsein, Kulturnation.
     Pamphlete, Glossen, Feuilton, Berlin 1984.
270  Pohrt, Wolfgang: Entlastung für Auschwitz, in: Ders.: Kreisverkehr, Wendepunkt. Über die
     Wechseljahre der Nation und die Linke im Widerstreit der Gefühle, Berlin 1984, S.12.
271  Vgl. Ludwig, Andrea: Neue oder Deutsche Linke? Nation und Nationalismus im Denken von
     Linken und Grünen, Opladen 1995. Andrea Ludwig zeigt auf, dass die Kategorie ‚Nation' eine
     viel größere Rolle im Denken der Neuen Linken spielt als es vordergründig den Anschein hat.
     Vgl. Hoffmann, Günther: Sehnsucht nach Normalität. Der neue Diskurs über die Vergangen-
     heit, über Israel und die Juden, in: DIE ZEIT, Nr. 10, 28.02.1986.
     http://www.zeit.de/1986/10/Sehnsucht-nach-Normalitaet, 10.11.2009.
272  „Es muß, trotz und mit Franz-Josef Strauß, endlich ein Ende haben mit dem gekrümmten
     Gang. Mir leuchtet vieles ein, was dieser Mann, dem ich kaum ein Wort glaube, den Deutschen
     von seiner bayrischen Kanzel aus predigt: Die deutsche Geschichte ist länger als zwölf Jahre,
     sie hat Traditionen hervorgebracht, auf die wir stolz sein können, niemandem ist auf die Dauer
     mit der deutschen Bußfertigkeit gedient und mit dem ewigen schlechten Gewissen." Schneider,
     Peter: Im Todeskreis der Schuld, zitiert nach Kloke, Israel und die deutsche Linke, S. 188.

im Verlaufe der Entdeckung der nationalen Befreiungsbewegungen der Dritten Welt national eingefärbt und zu einem „rebellischen Nationalismus von links"[273] umgedeutet, der einen positiv-affirmativen Bezug zu den Begriffen Nation, Staat und Volk erzeugte.[274] Entsprechend entdeckte die Neue Linke in der palästinensischen Nationalbewegung das „gute Volk", mit dem es sich zu identifizieren galt und auf welches die eigenen nationalen Bedürfnisse projiziert wurden.[275] Insofern haben antizionistische Gruppen Ende der sechziger Jahre in der palästinensischen Nationalbewegung „jenes linksdeutschnationale Surrogat vorgefunden, das ihnen fortan zum willkommenen Gegenstand projektiver Bedürfnisse entglitt"[276].

## 4.6　Innenpolitische Zuspitzungen (und außenpolitische Konstellationen)

Dass die Neue Linke im Zuge des Sechs-Tage-Krieges 1967 einen radikalen Paradigmenwechsel weg von einem israelfreundlichen Kurs hin zu einer antizionistischen Ausrichtung vollzogen hat, war, sogar im besonderen Maße, innenpolitischen Faktoren geschuldet. Der Einstellungswandel der Linken gegenüber Israel in jenen Tagen war in seiner Vehemenz und Konsequenz nicht allein auf die Ereignisse im Nahen Osten zurückzuführen.[277] Wie sonst ist es zu erklären, dass die prekäre Situation der Palästinenser vor 1967 kaum Widerhall in der deutschen Linken fand und auch die kriegerischen Auseinandersetzungen Israels mit arabischen Anrainerstaaten vor dem Sechs-Tage-Krieg keinen antizionistischen Reflex ausgelöst haben. Vielmehr trugen innenpolitische Faktoren dazu bei, dass sich die antiisraelische Wende gerade in diesen Jahren vollzog. Ferner erzeugte das mit Beginn des Sechs-Tage-Krieges aufkeimende pro-israelische Gebaren der politisch Rechten eine Abgrenzungsreaktion der Linken und kataly-

---

273　Haury, Zur Logik des bundesdeutschen Antizionismus, S. 151.
274　Vgl. Hanloser, Bundesrepublikanischer Linksradikalismus und Israel, S. 195ff.
275　Vgl. Pohrt, Entlastung für Auschwitz, S. 13. Hier beschreibt Pohrt gewohnt pointiert die Projektion nationaler Sehnsüchte auf die palästinensische Nationalbewegung: „Was die Palästinenser für die westdeutsche Linke so sympathisch macht, was ihr erlaubt, sich mit den Palästinensern zu identifizieren, ist die Annahme, die Palästinenser führten eigentlich einen Stellvertreterkrieg für genuin deutsche Wünsche, Vorstellungen und Ideale: für völkische Einheit und nationale Selbstbestimmung auf heimatlicher Scholle. Die Palästinenser firmieren gewissermaßen als der große, militante Heimatvertriebenenverband, den die Westdeutschen gerade jetzt gern hätten, den sie sich aber nicht leisten können."
276　Kloke, Israel und die deutsche Linke, S. 189.
277　Vgl. Ludwig, Andrea: Israel-Kritik von links. Über die Auseinandersetzung in der bundesdeutschen Linken seit 1967, Magisterarbeit, Hamburg 1989, S. 2ff.

sierte die Israelfeindschaft. In der äußerst angespannten innenpolitischen Situation, da der geplante Schah-Besuch das linke Lager in Erregung versetzte und die
Erschießung Benno Ohnesorgs das linke Aufbegehren gegen das „Establish-
ment" zusätzlich entfachte, entdeckte die Springer-Presse ihre Begeisterung für
die militärische Stärke Israels.[278] Die *BILD-Zeitung* titelte: „SIEG! Dajan – Der
Rommel Israels."[279] Derartige Positionierungen und eine damit einhergehende
demonstrative Zurschaustellung philosemitischen Gebarens von Seiten „rechter"
Medien forderten Kritik auf Seiten der Linken heraus.[280] Israel wurde wegen
seiner militärischen Erfolge von konservativer Seite als „Wüstenfüchse" und
„Erben Rommels" gefeiert.[281] Zusätzlich wurde Israel von der Rechten zum
antikommunistischen Stellvertreter stilisiert, so dass in der Linken der Eindruck
entstand, „als sei der deutsche Antisemitismus ganz und gar durch eine anti-
kommunistisch verfasste Gesellschaftsideologie ersetzt worden"[282].

Letztlich wurde das Thema Israel von rechter wie linker Seite instrumentali-
siert, um die eigenen Reihen zu politisieren und entsprechend der jeweiligen
politischen Ausrichtung zu positionieren. Das sensible Thema wurde so zum
Spielball beider Lager: Die Linken benötigten Israel, um gegen die USA zu sein.
Die Rechten benötigten Israel, um gegen die UDSSR zu polemisieren. Dass die
Linke im besonderen Maße anfällig für ein von der Sowjetunion unter Stalin
ausgehendes antiimperialistisches Deutungsmodell gewesen ist, wurde auch

---

278   Vgl. Claussen, Im Hause des Henkers, S. 115f.; vgl. Simon, Deutsche Geschichte und Solidari-
      tät, S. 104f.; vgl. Kloke, Israel und die deutsche Linke, S. 182-184; vgl. Dobberthien, Israel,
      die deutsche Linke und der Sechs-Tage-Krieg 1967, S. 27f.
279   BILD vom 02. 06. 1967, S. 1.
280   Die damalige Konkret-Kolumnistin Ulrike Meinhof kritisierte die pro-israelische Begeisterung
      konservativer Medien folgendermaßen: „Erfolg und Härte des israelischen Vormarsches lösten
      einen Blutrausch aus, Blitzkriegstheorien schossen ins Kraut, BILD gewann in Sinai endlich,
      nach 25 Jahren, doch noch die Schlacht um Stalingrad. Antikommunistisches Ressentiment
      ging nahtlos auf in der Zerstörung sowjetischer Mig-Jäger; die Nichteinmischung der Sowjets
      wurde als Ermutigung erlebt, es in der deutschen Frage den Israelis gleichzutun; der Einmarsch
      in Jerusalem wurde als Vorwegnahme einer Parade durchs Brandenburger Tor begrüßt (...) die
      Fehler der Vergangenheit wurden als solche erkannt, der Antisemitismus bereut, die Läuterung
      fand statt, der neue deutsche Faschismus hat aus den alten Fehlern gelernt, nicht gegen – mit
      den Juden führt Antikommunismus zum Sieg". Und erstaunlicherweise warnt Meinhof im sel-
      ben Artikel vor den Folgen einer einseitigen pro-arabischen Parteinahme und nimmt somit den
      anizionistischen Irrweg vorweg, den die Linke im Allgemeinen und Ulrike Meinhof im speziel-
      len am radikalsten einschlagen sollte: „Die Frage nach vernünftigen, stabilen, politischen Lö-
      sungen droht von pro- und anti-israelischem Freund-Feind-Denken erdrückt zu werden, dem
      auch die Linke erliegt, wo sie sich zwischen sowjetischer und israelischer Politik entscheiden
      zu müssen glaubt und davon doch nur auseinanderdividiert wird." Meinhof, Ulrike Marie: Drei
      Freunde Israels, in: Konkret, Nr. 7, 1967, S. 2f.
281   Kloke, Israel und die deutsche Linke, S. 183.
282   Ebd., S. 183.

durch die besondere Ost-West-Konstellation des internatonalen Systems begüns-
tigt.

Insofern korrelierte in dem Jahr des linken Paradigmenwechsels 1967 die
sich zuspitzende innenpolitische Situation mit einer äußeren, die für politische
Radikalisierungen ein besonderes Klima bot. Das raue Klima des Kalten Krieges
vereinfachte politische Zuspitzungen auf beiden Seiten. Die Neue Linke, die
eigentlich als dritte sozialistische Kraft – in Abgrenzung zur Sozialdemokratie
und der orthodoxen Linken – angetreten war, büßte diese Differenzierung im
Zuge einer größer angelegten Orientierung und einer sich verschärfenden Polari-
sierung zwischen Ost und West ein. Der sich verschärfende Ost-West-Konflikt
katalysierte folglich binäres Denken und verhalf auch dem antiimperialistischen
Denken zum Erfolg. So gesehen belohnte das duale System des Kalten Krieges
die Strömungen in der Neuen Linken, die sich undifferenziert zuspitzten und
dem Freund-Feind-Denken affirmativ gegenüberstanden. „Die repressive Seite
der gesellschaftlichen Entwicklungen, die sich an der Oktoberrevolution an-
schlossen, wurde zunehmend verharmlost, um bei einer völlig verkehrten Interpretation der Revolution der Gegenwart anzugelangen. Da ihre Feinde auch
unsere Feinde waren, sollten ihre Revolutionen auch unsere sein.“[283] Natürlich
erklärt (und vor allem rechtfertigt) dies nicht den Antisemitismus. Es erklärt
lediglich, wie es zu der Übernahme eines einfachen Deutungssystems, wie es das
antiimperialistische Weltbild des Antizionismus darstellt, kommen konnte.

Festzuhalten bleibt, dass die Bedeutung innenpolitischer Faktoren für den
Einstellungswandel der Linken als äußerst hoch einzuschätzen ist. Letztlich hat
im Besonderen die innenpolitische Konstellation eine anti-israelische Wende
katalysiert, ja vielleicht sogar provoziert. Dass eine solche Wende jedoch in
einen antisemitisch gefärbten Antizionismus mündete, ist der Radikalität der
gewählten Ideologie geschuldet und soll hier keineswegs innenpolitischen Kau-
salitäten allein zugerechnet werden.


## 4.7  Zwischenfazit

Bereits bei den Frühsozialisten und auch bei Anhängern der Aufklärung gab es
antisemitische Tendenzen. Auch bei Marx, bis hinein in die Sozialdemokratie,
sind antijüdische Entgleisungen dokumentiert. Derartige Äußerungen waren
jedoch weniger Ausdruck eines genuin linken Antisemitismus, der sich aus einem spezifisch linken Welterklärungsmodell rekrutierte, als dass sie gesamtge-
sellschaftlichen Vorurteilsstrukturen geschuldet waren, die sich eben auch auf

---

283  Claussen, Im Hause des Henkers, S. 118.

linke Einstellungsmuster auswirken konnten. Ein Sozialist bzw. ein den Idealen der Aufklärung verhafteter Mensch war folglich nicht per se gefeit vor der Übernahme antijüdischer Vorurteile. Die Anfälligkeit gegenüber antisemitischen Stereotypen war somit eine Frage des jeweiligen Charakters und der Persönlichkeitsstruktur. Daher ist es problematisch, etwa von einer spezifisch linken Antisemitismustradition zu sprechen, die eine bruchlose Übertragung von den Anfängen der sozialistischen Bewegung bis zu der antizionistischen Agitation des Ostblocks suggeriert und den Antizionismus der Neuen Linken bei Marx und Co. verortet. Sofern es entsprechend schwierig ist, von einer antisemitischen Tradition in der Linken zu sprechen, so darf doch zumindest eine Tradition konstatiert werden, die durch „eine *besondere* Ablehnung des jüdischen Nationalismus und die Unterschätzung des Antisemitismus"[284] gekennzeichnet ist. Die kritiklose Übernahme und Übertragung dieser Tradition auf die Zeit nach dem Zweiten Weltkrieg bei gleichzeitiger Ignorierung der historischen Zäsur, die mit dem Namen Auschwitz verbunden ist, führte zu einem Antizionismus, der anfällig für antisemitische Ressentiments wurde. Erst der Antizionismus nach Auschwitz führte zu einem genuin linken Antisemitismus. Die Ursachen dafür speisen sich aber weniger aus einer linken Antisemitismustradition, sondern sind anderen Determinanten geschuldet. Die Ideologie des antiimperialistischen Weltbildes ist wohl die wirkungsstärkste dieser Determinanten. In der Tendenz, Verschwörungstheorien zur Erklärung des Weltgeschehens zu konstruieren, politische und ökonomische Zusammenhänge zu trivialisieren und zu personalisieren, im Verständnis von Herrschaft und Ausbeutung als fremden Machenschaften sowie in seinem binär-dualen Denken, das die Welt in gut und böse einteilt, weist das antiimperialistische Weltbild strukturelle Affinitäten mit dem Weltbild des Antisemitismus auf. Projiziert man schließlich das antiimperialistische Weltbild auf den Nahost-Konflikt, so wird aus der strukturellen Ähnlichkeit eine inhaltliche Übereinstimmung. Grundvoraussetzung für die Akzeptanz antiimperialistischer Argumentationsfiguren der Neuen Linken am Ausgang der 1960er war u.a. eine völlige Geschichtslosigkeit. Die Linke ignorierte die historischen Umstände, die zur Notwendigkeit eines jüdischen Staates führten. Sie trennte Israel von Auschwitz, um den Zionismus weiterhin bekämpfen und die „Zerstörung des imperialistischen Brückenkopfes" fordern zu können. Der Antizionismus nach Auschwitz argumentierte, als hätte es den Holocaust nie gegeben. Er zeigte sich besonders anfällig für antisemitische Tendenzen, da er sich nicht mehr gegen einen theoretischen Zionismus richtete. Diese Ignoranz vor der

---

284    Ullrich, Die Linke, Israel und Palästina, S. 84. (=Hervorhebung im Original)

Geschichte wurde befeuert durch das „Pathos des doppelt reinen Gewissens"[285], dem Glauben also, dass das Links- und das Nachgeborensein von antisemitischen Tendenzen befreien würde.

Ein aus dem Eindruck der geschichtlichen Unschuld gespeistes Gefühl moralischer Überlegenheit kumulierte in einer allzu leichtfertigen Auseinandersetzung der Neuen Linken mit dem Antisemitismus und mündete in einem radikalen Antizionismus, der die Reproduzierung antisemitischer Stereotype zumindest leichtfertig in Kauf nahm.

Die mit dem neulinken Faschismusbegriff im Zusammenhang stehende analytische Vernachlässigung des eliminatorischen Antisemitismus trug dazu bei, den theoretischen Rahmen für die Entstehung antizionistischer Argumentationsfiguren innerhalb neulinker Bewegungen zu schaffen. Die anfänglich gegen die Elterngeneration gerichtete gesellschafts- und vergangenheitskritische Fundamentalopposition wurde sukzessive überlagert von einer vergangenheitsentsorgenden Faschismus-Rezeption. Doch das Nie-wieder-Auschwitz-Postulat wurde endgültig Mitte der 1970er Jahre dem Verlangen nach Geschichtslosigkeit geopfert, das sich wiederum aus dem Bedürfnis nach historischer Unschuld, (nach Exkulpation) speiste. Die Unterschätzung des Antisemitismus als Randerscheinung des Nationalsozialismus, der wiederum zum Faschismus simplifiziert wurde und als Folge des Kapitalismus galt, war aber auch Ausdruck einer strukturellen Fehldeutung politisch-sozialer Zusammenhänge, die letztlich den Weg in das unterkomplexe Deutungssystem des antiimperialistischen Weltbildes ebnete und den Antizionismus ermöglichte.[286] Die Anreicherung der antizionistischen Agitation mit nationalen Elementen erleichterte die Adaption antisemitischer Strukturprinzipien. Der Antiimperialismus wurde zu einer Art Ersatznationalismus. Dass die Neue Linke im Zuge des Sechs-Tage-Krieges 1967 einen radikalen Paradigmenwechsel weg von einem israelfreundlichen Kurs hin zu einer antizionistischen Ausrichtung vollzogen hat, war auch (im besonderen Maße) innenpolitischen Faktoren geschuldet. Letztlich hat im Besonderen die innenpolitische Konstellation eine antiisraelische Wende katalysiert, ja vielleicht sogar provoziert. Dass eine solche Wende jedoch in einen antisemitisch gefärbten Antizionismus mündete, war der Radikalität der gewählten Ideologie geschuldet.

---

285 Simon, Nikolaus: Die Westbank Zuhause, in: Schneider, Karlheinz/ Simon, Nikolaus (Hrsg.): Solidarität und deutsche Geschichte. Die Linke zwischen Antisemitismus und Israelkritik, Berlin 1984, S. 9.

286 Zuspitzung erfuhr diese Logik, die die Notwendigkeit eines jüdischen Staates nach Auschwitz ausklammerte, in der Ideologie der RAF, die glaubte, durch terroristische Aktionen den wahren faschistischen Kern der BRD zum Vorschein bringen zu können, um revolutionäre Reaktionen der Massen zu erzeugen. Vgl. Claussen, Im Hause des Henkers, S. 117.

# 5 Renaissance des Antizionismus in neuen linken Bewegungen?

## 5.1 Der antizionistische Marsch durch die Institutionen

Der antizionistische Kurs innerhalb der Linken, der seit dem Sechs-Tage-Krieg von 1967 zum linken Mainstream gehörte, hat zwar spätestens seit den 1990er Jahren – im Nachgang zum zweiten Golfkrieg, als es innerhalb der Linken zu einer verstärkten Auseinandersetzung[287] über latent vorhandnen Antisemitismus in den eigenen Reihen kam – zunächst an Radikalität eingebüßt, verschwunden ist er im linken Theoriebild indes nicht. Im Gegenteil: Nach wie vor hat der Antizionismus im linken Denken Konjunktur. Im Zuge der zweiten Intifada (ab 2000) und dem Libanonkrieg 2006 (und 2009) gerät die antizionistische Agitation vermehrt auf die außenpolitische Agenda von links. Über den Antizionismus konnten erneut antisemitische Stereotype Einzug in linke Vorstellungswelten erhalten. DKP-nahe Zeitungen wie *junge Welt*, *Neues Deutschland* und *Unsere Zeit* verdeutlichen mit ihren antizionistischen Beiträgen eine anhaltende Virulenz antiimperialistischer Denkstrukturen in der (extremen) Linken.[288] Besonders das einstige DDR-Jugendblatt *junge Welt* knüpft scheinbar nahtlos an einen SED-Antizionismus früherer Jahre an. Insofern ist „die Diktion des Blattes (...) fast deckungsgleich mit jener antizionistisch-antiimperialistischen Rhetorik des damaligen, die Staatsdoktrin der DDR vertretenden SED-Parteiorgans *Neues Deutschland,* das das Leitmedium der DDR-Presse war"[289]. Aber auch gemäßigtere, links-liberalere Medien taten und tun sich oftmals schwer, einen israelkritischen Ton anzuschlagen, der nicht die Grenze zum Antisemitismus überschrei-

---

287  Vgl. Haury, Thomas: Der neue Antisemitismusstreit der deutschen Linken, in: Rabinovici, Doron/ Speck, Ulrich/ Sznaider, Natan (Hrsg.): Neuer Antisemitismus? Eine globale Debatte, Frankfurt am Main 2004, S. 143-167.

288  Vgl. Kloke, Israel – Alptraum der deutschen Linken?, S. 316f.

289  Gessler, Antisemitismus und Antizionismus in der bundesrepublikanischen Linken bis 1998/90 und ihr Fortleben bis zur Diskussion über den Libanon-Krieg 2006, S. 360. (=Hervorhebung im Original)
Der Redakteur der „tageszeitung" und Publizist Phillip Gessler führt eine Reihe von Artikeln aus der „junge welt" (jW) an, um die antizionistische Grundausrichtung der jW aufzuzeigen. Siehe ebd., S. 360ff.

tet.[290] Offenbar haben nicht wenige der dem Antizionismus anhängenden 1968er ihr antiimperiales Weltbild beim viel zitierten *Marsch durch die Institutionen* nicht ablegen können und es in die Mitte der Gesellschaft zu tragen vermocht. Die Antisemitismusforscherin Juliane Wetzel kommt diesbezüglich zu dem Ergebnis:

> „In den letzten 15 bis 20 Jahren haben in Sprache und öffentlichem Diskurs zunehmend Topoi Eingang gefunden, die von der Linken geprägt sind. Dies gilt auch für antiamerikanische und antisemitisch/antizionistische Stereotypen, die im Mainstream rezipiert werden. Offen anti-israelische Ressentiments zu verbreiten ist nicht länger nur ein Terrain der extremen Linken, sondern gehört zum Standardrepertoire des öffentlichen Diskurses in ganz Europa."[291]

## 5.2 Linkspartei

Auch die Linkspartei hat mit dem antizionistischen Erbe zu kämpfen. Eine besonders bemerkenswerte Entgleisung leistete sich der Duisburger Bürgermeisterkandidat der Linkspartei Hermann Dierkes, der zu einem Warenboykott gegen Israel aufgerufen hatte.[292] Auf diese antizionistische Version der antisemitischen Parole „Kauft nicht bei Juden!" reagierte die Linkspartei mit einer Presseerklärung in der man sich von derartigen Aussagen distanzierte. Zwar sind solche Äußerungen weder einer offiziellen antiisraelischen Programmatik geschuldet noch sind sie sicherlich mehrheitsfähig innerhalb der Linken. Dass aber antizionistische Einstellungsmuster keine Randerscheinung in der Linkspartei darstellen, sondern auch bei prominenten Vertretern anzutreffen sind, zeigt das Beispiel Norman Paech. So trat er beispielsweise in der Funktion des außenpolitischen

---

290  So titelte der „Stern" im Zuge des Libanonkrieges 2006 beispielsweise: „Israel. Was das Land so aggressiv macht. Die Geschichte des Judenstaates" und suggerierte zusammen mit dem Titelbild (zu sehen sind ein betender Israeli, ein rauchender Panzer, marschierende Soldatinnen und der umstrittene israelische Abwehr-Zaun) eine besondere Aggressivität der Israelis. Der Stern, Heft 32, 2006, S. 1.
Eine Karikatur in der „Süddeutschen Zeitung" zeigt einen vor einem französischen Restaurant randalierenden Juden, der sich während des Gewaltaktes verwundert die rhetorisch gemeinte Frage stellt „Warum spüre ich keine Sympathie?". Die Karikatur scheint den 2004 angestiegenen Antisemitismus in Frankreich nach der Lesart „der Jud ist selbst schuld!" erklären zu wollen. Die Karikatur ist abgebildet bei Kloke, Israel – Alptraum der deutschen Linken?, S. 323.
291  Wetzel, Juliane: Antisemitismus in Europa, in: Brosch, Matthias/ Elm, Michael/ Geißler, Norman/ Simbürger, Britta Elisa/ von Wrochem, Oliver (Hrsg.): Exklusive Solidarität. Linker Antisemitismus in Deutschland. Berlin 2007, S. 377-387.
292  Vgl. Herzinger, Richard: Streit um Antisemitismus in der Linkspartei, in: welt online vom 26.02.2009,
http://debatte.welt.de/kommentare/114913/streit+um+antisemitismus+in+der+linkspartei, 10.09.2009.

Sprechers der Bundestagsfraktion der Linken nicht selten durch seine antizionistische Haltung in Erscheinung, die es ihm erlaubt, Israel in die Nähe von Staatsterrorismus und Rassismus zu rücken oder Terroranschläge der „Hamas" unkritisch als Widerstand zu positivieren.[293] Ihre einseitige Haltung zum Nahost-Konflikt brachte auch die Vorsitzende des Bezirksverbandes Neuköln der Linkspartei Irmgard Wurdack zum Ausdruck, als sie bei einer Gegenkundgebung gegen eine NPD –„Mahnwache" unter dem Motto „Nein zum israelischen Holocaust im Gaza-Streifen" ein Plakat präsentierte, auf dem „Nie wieder Auschwitz" zu lesen war. Dass Auschwitz hier in Gaza verortet wurde, zeigte die Abbildung einer die Palästina-Flagge schwenkenden Figur.[294] Führende Politiker der Linkspartei scheinen das antizionistische Problem in den eigenen Reihen zumindest erkannt zu haben. Gregor Gysi mahnte auf einer Veranstaltung der Rosa-Luxemburg-Stiftung anlässlich des 60. Jubiläums der israelischen Staatsgründung zur Solidarität mit Israel.[295] In seiner Einleitung wies er bereits auf das schwierige Verhältnis der Linken zu Israel hin und verschrieb der Linken im Allgemeinen als auch der Linkspartei Klärungsbedarf und eine kritische Selbstreflexion.[296] Er verurteilte den Antizionismus und bekannte sich ausdrücklich zum Existenzrecht Israels als Teil der deutschen Staatsräson. Der israelsolidarische Kurs und der offene Bruch mit antizionistischen Denkmustern findet auch Unterstützung durch prominente Vertreter der Linkspartei wie Katja

---

293  Vgl. Hein, Jan-Philipp: Linkspartei. Ein Problem namens Israel, in stern.de vom 23.05.2008, http://www.stern.de/politik/deutschland/linkspartei-ein-problem-namens-israel-621412.html, 10.11.2009; vgl. Gerber, Jan: Austreten, aber schnell! Die Partei »Die Linke« kann kein Partner für eine konsequente Solidarität mit Israel sein, sondern nur Gegenstand der Kritik, in: Jungle World Nr. 2 vom 05.06.2008. http://jungle-world.com/artikel/2008/23/21944.html, 10.11.2009. Unterstützung findet Paech innerhalb seiner Fraktion durch Abgeordnete wie Ulla Jelpke, Heike Hänsel oder Wolfgang Gehrcke, die auch an Demonstrationen von Hisbollah-Sympathisanten teilnehmen oder Israel der „Apartheid" bezichtigen. Unterstützung erhielten die auch innerhalb der Linkspartei in die Kritik geratenen Positionen von Paech und Gehrcke auch von Oskar Lafontaine, der den oben genannten Personen in einem Brief bescheinigte, dass sie sich bemühten fair und ausgewogen zu urteilen und dabei in der Tradition der Linken stünden. Vgl. Hein, Jan-Philipp: Linkspartei. Ein Problem namens Israel, in stern.de vom 23.05.2008, http://www.stern.de/politik/deutschland/linkspartei-ein-problem-namens-israel-621412.html, 10.11.2009.

294  Genannte Aktivistin war außerdem Autorin der Zeitung und gleichnamigen politischen Bewegung „Linksruck" bzw. „Marx21.de", die eine „bedingungslose Solidarität" mit der Terrororganisation Hamas propagiert und Selbstmordattentate zum „gerechtfertigten Widerstand" stilisiert und deren Einfluss innerhalb der Linkspartei nicht zu unterschätzen ist. Vgl. Gessler, Der neue Antisemitismus, S. 97.

295  Vgl. Hartewig, Karin: Linker Antizionismus. Popanz des Weltfeindes, in: sueddeutsche.de 07.05.2008, http://www.sueddeutsche.de/politik/745/441486/text/, 10.11.2009; vgl. Hein, Linkspartei.

296  Die Rede Gregor Gysis nachzulesen unter: http://www.linksfraktion.de/rede.php?artikel=1317265844

Kipping oder Petra Pau.[297] Im November 2008 aber kam es zu einem weiteren Eklat, als elf Bundestagsabgeordnete der Fraktion der Linkspartei kurz vor dem 70. Jahrestag der Reichspogromnacht ihre Zustimmung zu Anträgen zur Bekämpfung des Antisemitismus verweigerten.[298] Eine eindeutige Klärung des links-israelischen Verhältnisses steht bis heute aus: Beim Bundesparteitag 2008 setzte die Parteispitze das Thema von der Tagesordnung ab.[299]

## 5.3  Nichtregierungsorganisationen und globalisierungskritische Bewegungen

Der antizionistische Geist konnte sich aber auch in neueren sozialen Bewegungen, den globalisierungskritischen Bewegungen und Nichtregierungsorganisationen einnisten.

Bei der „World Conference on Racism, Racial Discrimination, Xenophobia and Related Intolerance" in Durban (Südafrika) 2001 fanden im Besonderen auf Seiten der Nichtregierungsorganisationen (NGO) antiisraelische Diffamierungen statt, welche die Grenze zum Antisemitismus deutlich überschritten.[300] Laut Gerald Steinberg, Professor am Institut für Politikwissenschaft an der israelischen Bar-Ilan-Universität in Ramat Gan, erklärten 1.500 Nichtregierungsorganisationen Israel zum „Apartheidstaat" und „beschlossen eine Strategie zur Delegitimation der jüdischen nationalen Selbstbestimmung"[301]. Steinberg gründete nach den Vorkommnissen in Durban „NGO Monitor", eine Einrichtung, die die Arbeit von über 120 Nichtregierungsorganisationen beobachtet.[302] Nicht zuletzt Durban hat offenbart, dass auch Nichtregierungsorganisationen, die sich

---

297  Auch der zur Partei-Jugendorganisation „solid" gehörende Bundesarbeitskreis Shalom (BAK) hat es sich zum Ziel gesetzt Antizionismus, Antisemitismus und Antiamerikanismus zu bekämpfen. http://bak-shalom.de/index.php/wir/hamas-heist-krieg/
Vgl. Kailitz, Susanne: Lehren aus der Vergangenheit, in: Das Parlament Nr. 46 vom 10.11.2008, http://www.bundestag.de/dasparlament/2008/46/Innenpolitik/22700353.html, 10.11.2009; vgl. Jansen, Frank/ Weinthal, Benjamin: Chef der Berliner Linken entrüstet über Israel-Erklärung der Genossen, in: DER TAGESSPIEGEL vom 14. 12. 2008, http://www.tagesspiegel.de/politik/Linkspartei;art771,2684174, 10.11.2009.
299  Robers, Norbert: Die Linke und der Antisemitismus. DDR-Staatsdoktrin wirkt bis heute, in: haGalil.com, http://www.hagalil.com/archiv/2009/03/05/antizion/, 10.11.2009.
300  Vgl. Wetzel, Antisemitismus in Europa, S. 382f.
301  NGO-Beobachter Gerald Steinberg über das antiisraelische Engagement von Amnesty und Co., in: konkret 09/2009, S. 3.
302  Steinberg widerspricht der gängigen Vorstellung, dass NGOs unparteiisch seien und sich ausschließlich den Menschenrechten verpflichtet fühlten. Organisationen wie „Amnesty International" oder „Human Rights Watch" würden gerade im Nahost-Konflikt spezifische Interessen bedienen. Einzelheiten nachzulesen unter: http://www.ngo-monitor.org/index.php, 10.11.2009.

antifaschistisch gerieren und gegen Rassismus und Xenophobie argumentieren, selbst nicht grundsätzlich frei von antisemitischen Einstellungsmustern sind. Speziell im Bereich der Antiglobalisierungsbewegung hat sich für die Linke ein neues Betätigungsfeld erschlossen, so dass antizionistische Einstellungsmuster antiimperialer Prägung Einzug in die globalisierungskritischen Bewegungen erhalten haben und erneuert werden konnten. Auf der Tagung des Internationalen Währungsfonds (IWF) 2003 in Davos umtanzten Globalisierungskritiker in den Masken von US-Verteidigungsminister Donald Rumsfeld und Israels Ministerpräsident Ariel Scharon ein goldenes Kalb.[303] Der „Tanz um das goldene Kalb" ist eine vor allem in antisemitischen Karikaturen des 19. und 20. Jahrhunderts gebrauchte, biblische Metapher der Geldgier. Zusätzlich wurde der Rumsfeld-Figur ein Stern angeheftet. Die Figur, die Scharon verkörpern sollte, hielt einen Knüppel in der Hand. Das Vorurteil des besonders aggressiven Juden wurde so bedient. Generell ist zu hinterfragen, wieso überhaupt am Rande einer Tagung des Internationalen Währungsfonds der Staat Israel angeprangert wird, zumal er weltwirtschaftlich eigentlich doch kaum von Bedeutung ist. Antisemitismus und Antiamerikanismus gehen hier einmal mehr Hand in Hand.[304] Die Maskerade suggeriert eine jüdisch–amerikanische Dominanz des „internationalen Finanzkapitals".

Hinzu kommt in Diskussionen globalisierungskritischer Organisationen eine verkürzte Kapitalismuskritik, die komplexe Zusammenhänge auf ein verschwörerisches Komplott eines kleinen Zirkels zurückführt. Entsprechend schnell ist dann ein nächster, personalisierender Schritt gemacht, der antisemitische Konnotationen entlädt.[305] Nach dieser Logik wird beispielsweise auch in den Anti-Kriegs-AGs von *Attac*, die von der Gruppe „Linksruck" dominiert werden, argumentiert.[306]

---

303  Siehe Wetzel, Antisemitismus in Europa, S. 384ff.; vgl. Kloke, Israel – Alptraum der deutschen Linken?, S. 321f. Die Verwendung der biblischen Metapher des „Goldenen Kalbes" bleibt nicht der einzige christlich motivierte Antisemitismusausrutscher einer eigentlich areligiösen Linken. Auch das Stereotyp des „jüdischen Rachedurstes" ist ein nicht selten gebrauchtes Motiv. Vgl. Gessler, Antisemitismus und Antizionismus, S. 361ff.

304  Dass Antiamerikanismus und Antisemitismus spätestens seit Mitte des 19. Jahrhunderts eng miteinander verbunden sind, kann nachgelesen werden bei Markovits, Andrei S.: Antiamerikanismus und Antisemitismus in Europa, in: Rabinovici, Doron/ Speck, Ulrich/ Sznaider, Natan (Hrsg.): Neuer Antisemitismus? Eine globale Debatte, Frankfurt am Main 2004, S. 211-233. Was beide verbindet, ist eine einseitige Kritik an Kapitalismus, Globalisierung und Modernität. „Wenn es um Juden und Amerikaner geht, berühren sich die Extreme – wie so oft im 21. Jahrhundert.", stellt Markovits fest. Ebd., S. 224.

305  Vgl. Kloke, Israel – Alptraum der deutschen Linken?, S. 321.

306  „Linksruck" ist eine Vereinigung von Trotzkisten, die u. a. die Terrororganisation „Hamas" als Befreiungsorganisation glorifiziert und den Zionismus als „Werkzeug des Westens" stigmatisiert. Vgl. Gessler, Der neue Antisemitismus, S. 97ff.

Einigen Globalisierungskritikern scheint dabei nicht bewusst, dass ideologi-
sierte Globalisierungs- und Kapitalismuskritik in Nationalismus und Antisemitismus abgleiten kann. Sobald über „*das* Finanzkapital" und „*die* Wall Street"
fabuliert wird, können alte Vorurteile vom „geldgierigen Juden" schnell Anschluss finden. Gerne wird auch der Versuchung nachgegeben, für die globale
Unübersichtlichkeit und komplexe Vorgänge Sündenböcke verantwortlich zu
zeichnen und weltumfassende Zusammenhänge einzelnen Mächten zuzuschreiben. Anstatt systemimmanente Mechanismen des Marktes zu kritisieren, wird die
abstrakte Seite der kapitalistischen Warenproduktion nach der antisemitischen
Lesart vom „raffenden" Kapital (gemeint ist das „vagabundierende internationale
Finanzkapital"[307], das ohne konkrete Arbeit Gewinne erzielt und dem nationalen
und produktiven, also „schaffenden" Kapital gegenübersteht) verklausuliert und
verschwörungstheoretisch absolutiert. „Doch wer an Verschwörungen glaubt,
denkt die Verschwörer implizit mit."[308] Diesbezüglich sind antijüdische Ressentiments schnell reaktiviert. Nicht zufällig führen die im Zusammenhang des *11.
September* oder des Irak-Krieges kursierenden Verschwörungstheorien oftmals
zum israelischen Geheimdienst.[309] Insofern finden sich gerade in den heutigen
Debatten links stehender Gruppierungen über die Globalisierung, Kapitalismus
und über amerikanische Dominanz zahlreiche Argumentationen, die zwar nicht
unbedingt inhaltliche Affinitäten, aber eben strukturelle Ähnlichkeiten zum Antisemitismus aufweisen.

Die Attac-Gruppe „AG Globalisierung und Krieg" fiel neben Vergleichen
der israelischen Militäraktionen mit den Verbrechen der Nazis besonders durch
ihre im September 2003 gestellte Forderung, Waren aus jüdischen Siedlungen zu
boykottieren, negativ auf.[310] Der Göttinger DGB-Regionalchef Sebastian Wertmüller, der auch „Attac" angehört, kritisierte daraufhin die „AG Globalisierung
und Krieg" scharf. In der AG spielten antisemitische Gedanken eine dominieren-
de Rolle, verlautbarte Wertmüller. Es würden Meinungen vertreten, die sonst nur

---

Entsprechend fordert „Linksruck" die „bedingungslose" Solidarität mit der Intifada gegen den
„rassistischen Kolonialstaat Israel". In einem Programmpapier heißt es dazu: „Die Beschrän-
kung unserer Solidarität auf die friedlichen Kräfte des palästinensischen Widerstands bedeutet
in Wahrheit den Ausschluss der überwältigenden Mehrheit der Palästinenser und der antiimperialistisch fühlenden arabischen Massen aus der weltweiten Antikriegsbewegung." Zitiert nach
Staud, Toralf: Attac reagiert hilflos auf den Antisemitismus von links, in: ZEIT.de  vom
27.10.2003, http://www.zeit.de/politik/attac, 10.11.2009.
307   Kloke, Israel – Alptraum der deutschen Linken?, S. 321.
308   Staud, Toralf: Blondes Ächzen, in: Die ZEIT Nr. 44 vom 23. 10. 2003,
      http://www.zeit.de/2003/44/attac, 10.11.2009.
309   Vgl. Jaecker, Tobias: Antisemitische Verschwörungstheorien nach dem 11. September. Neue
      Varianten eines alten Deutungsmusters, 2. Aufl., Münster 2005, S. 66-95; S.130-168.
310   Vgl., ebd.

von islamistischen oder rechtsextremen Gruppierungen geäußert würden.[311] An einer Attac-Demonstration 2002 in München beteiligten sich rechte Skinheads. Darüber hinaus nahmen Attac-Mitglieder zumindest kurzzeitig an einer Unterschriftensammlung in Frankfurt am Main teil, an der sich auch das rechtspopulistische Bürgerbündnis für Frankfurt (BFF) beteiligte.[312] Derartige Beispiele zeigen, dass antizionistische Einstellungen in der globalisierungskritischen Bewegung sowie in der Friedensbewegung ideologische Anknüpfungspunkte zu antiisraelischen Argumentationen von rechtsextremer oder islamistischer Seite bieten. Ein anti-israelischer Konsens scheint solche Querfronten zu ermöglichen. Entsprechend sind auf sogenannten „Anti-Kriegs-Demonstrationen" auch immer wieder islamistische Gruppen anzutreffen. Und auf NPD-Aufmärschen schwenken Neonazis mittlerweile genauso selbstverständlich die palästinensische Flagge, wie es Antizionisten von links vorgemacht haben.[313] Heutige Neonazis wie der ehemalige RAF-Aktivist Horst Mahler sind indessen glühende Anhänger für eine „deutsch-palästinensische Volksfront" und werben für ein Bündnis mit Linksradikalen.[314] Auffällig ist dabei, dass ehemals von Linken verwendete Symbole bereits auch von Rechten verwendet werden. So wird beispielsweise das Palästinenser-Tuch *die Kefiya*[315] seit längerem auch von Rechten getragen, um der Feindschaft zu Israel und den Juden Ausdruck zu verleihen. Daher erstaunt es umso mehr, dass dieses zweifellos politisch belastete Symbol als buntes Modeaccessoire Einzug in die heutige Popkultur erhalten konnte.

Schließlich muss konstatiert werden, dass der Antizionismus weiterhin zum Weltbild der neuen sozialen Bewegungen gehört. Die Antiglobalisierungsbewegung zeigt eine deutliche Anfälligkeit gegenüber einem antisemitisch grundierten Antizionismus. Antizionismus, Antiamerikanismus und Antikapitalismus

---

311  Vgl. Gessler, Der neue Antisemitismus, S. 98f.
312  Vgl. Staud, Toralf: Attac reagiert hilflos auf den Antisemitismus von links, in: ZEIT.de vom 27.10.2003, http://www.zeit.de/politik/attac, 10.11.2009.
313  Vgl. Kloke, Israel – Alptraum der deutschen Linken?, S. 317.
314  Ebd.
315  Die Kefiya oder auch Kufiya, eine ursprünglich traditionelle Kopfbedeckung in den ländlichen Gebieten des nahen Ostens, wurde Anfang der 1930er Jahre durch den damaligen Großmufti von Jerusalem Amin al-Husseini, der später umfangreich mit den deutschen Nationalsozialisten zusammenarbeitete, zu einem politischen Kampfsymbol umfunktioniert. Zwischen 1936-41 wurde sie zum Zeichen der pro-faschistischen Aufstände gegen die Briten in Palästina und im Irak. Der langjährige Anführer der PLO, Jassir Arafat, machte das Tuch zum Symbol nationaler Befreiung. In den 70er und 80er Jahren übernahm schließlich die deutsche Linke diese fragwürdige Symbolik. Es sollte den Widerstand zur amerikanischen Politik und zum Zionismus sowie die gleichzeitige Solidarität mit den Palästinensern zum Ausdruck bringen. In den 90er Jahren entdeckten schließlich die Neo-Nazis das Tuch als Symbol ihrer Feindschaft zu Israel und den Juden. Vgl. Rathgeb, Eberhard: Von der Beute zum Bekenntnis: das Palituch, in: Frankfurter Allgemeine Zeitung Nr. 264 vom 11.11.2004, S. 35.

bilden dabei die Einfallstore für antisemitische Stereotype und bieten gleichzeitig Anknüpfungsmöglichkeiten für rechtsextremistisch oder islamitisch motivierten Antisemitismus. Wissenschaftler und Szenekenner wie Martin Kloke warnen daher:

> „Im Rahmen eines globalisierungskritischen Volksfrontbündnisses von links bis rechts könnte sich eine postmoderne Linke, die um ihre Legitimation kämpft, daran gewöhnen, ‚die Juden' bzw. ‚den Staat Israel' als Verkörperung abstrakter (umhervagabundierender) Kapitalflüsse wahrzunehmen – und für zunehmende soziale Verwerfungen im 21. Jahrhundert verantwortlich zu machen."[316]

---

316  Kloke, Israel – Alptraum der deutschen Linken?, S. 323.

# 6 Schlussbetrachtung – Die Vereinbarkeit des scheinbar Unvereinbaren – Antisemitismus in der Linken

Die im historischen Kontext stehende Analyse der antizionistischen Agitation in der Neuen Linken inklusive ihrer terroristischen Ausläufer hat gezeigt, wie schmal der Grat zwischen legitimer Israelkritik und verdecktem bis offen propagiertem Antisemitismus sein kann. Dabei wurde festgestellt, dass sich der radikal zuspitzende Antizionismus antiimperialistischer Prägung antisemitischer Stereotype bedienen kann und es realiter auch macht. Je radikaler die antizionistische Position, desto wahrscheinlicher wurde der Gebrauch antisemitischer Stereotype. Insofern musste die eingangs gestellte Frage nach antisemitischem Gehalt im linken Antizionismus positiv bewertet werden. Die Einsicht, dass im Nahost-Konflikt zwei legitime Ansprüche aufeinanderprallen, wich nach 1967 einem abstrakten Antiimperialismus, der die Israelis zu einem „Imperialisten" und die Palästinenser zu einem „unterdrückten Volk" werden ließ. Der zweite zu Beginn der Arbeit gestellte Fragekomplex war verbunden mit der Suche nach möglichen Quellen und Ursachen für die antisemitischen Entgleisungen und führte zu einer Reihe möglicher Faktoren. Die Ideologie des antiimperialistischen Weltbildes ist wohl die wirkungsstärkste dieser Determinanten. Dass der Antizionismus in Antisemitismus umschlagen konnte, wurde möglich, da die Ideologie, derer er sich bediente, strukturelle Affinitäten zum antisemitischen Weltbild aufwies. Das dem Antizionismus nach Auschwitz zugrunde liegende antiimperialistische Weltbild marxistisch-leninistischer Prägung konstruiert und strukturiert das Weltgeschehen nach einem ähnlich simplen Muster, wie es im antisemitischen Denken geschieht. (Es wird strukturiert durch Manichäismus, Personifizierung, verschwörungstheoretische Bezugnahme und die Adaption diverser Nationalismen.) Wird der Nahost-Konflikt mit Hilfe des antiimperialistischen Antizionismus zu deuten versucht, können aus strukturellen Affinitäten zum antisemitischen Denken inhaltliche werden. Verstärkt wird dieser Prozess durch die bereits vorhandenen, tradierten antijüdischen Denkfiguren, die sich im Laufe einer Jahrhunderte langen Judenfeindschaft in der Kultur- und Geistesgeschichte Europas festgesetzt haben (erinnert sei an die *Kontinuität der Vorurteile*, die im theoretischen Teil dieser Arbeit herausgearbeitet wurde) und in Bezug auf den Nahost-Konflikt reaktiviert werden können. In diesem Zusammenhang zeigte sich, welch hohen Mobilisierungseffekt der Nahost-Konflikt auf latent antisemitische Vorurteilsmuster hat. Antizionismus bietet dabei die Möglichkeit, in besonderer Form latent vorhandene antisemitische Einstellungen manifest werden zu lassen. Die antisemitische Ursachenforschung hat letztlich auch Erkenntnisse in Bezug auf die dritte zentrale Ausgangsfrage, ob ein Antisemitismus in der Linken Randerscheinung oder fundamentaler Bestand linker Ideologie ist, erbracht. Die antisemitische Grundierung reicht sehr tief, bis in die Ideologie hinein. In die Ideologie des marxistisch-leninistisch geprägten Antiimperialismus. Diese Ideologie ist aber weniger der linken Ideen- und Geistesgeschichte entlehnt, als sie vielmehr einer sowjetkommunistischen Interpretation der selbigen entstammte. Auch hat sie bei weitem nicht mehr die Dominanz in der Linken, wie noch in den 1970er und 1980er Jahren. Insofern führt diese Ideologie mittlerweile eher eine Randexistenz in der heutigen Linken. Gleichwohl besteht die Gefahr, dass heutige linksgerichtete Gruppierungen im Zuge einer verkürzten und schematisierten Kritik an Kapitalismus, Globalisierung und den USA ähnlich ideologisierten Mustern folgen und ihren Argumentationen Anschluss zu antisemitischen Denkfiguren bieten. (Erinnert sei an die Auseinandersetzungen mit neueren sozialen Bewegungen in Kapitel 5)

Voraussetzung für die Übernahme des antiimperialistischen Antizionismus war eine Reihe von Faktoren (Faschismusverständnis, Exkulpation etc.), welche die Adaption antisemitischer Muster in das antiimperialistische Weltbild begünstigten. Der Kardinalfehler lag sozusagen darin, dass die Linke zur Aufrechthaltung und Rechtfertigung ihrer antizionistischen Argumentation Israel von Auschwitz trennen musste. Die Linke, die sich auch gegen die deutsche Geschichtsvergessenheit formierte, stieg somit selbst aus der Geschichte aus. Der tatsächliche Zusammenhang der Staatsgründung Israels mit der Shoah dagegen blieb weitegehend unbeachtet. Bis zur Shoah blieb der Zionismus innerhalb der jüdischen Diskussion noch relativ marginal, doch die industrielle Massenvernichtung der Jüdinnen und Juden bestätigte dessen These, dass auch assimilierte Jüdinnen und Juden im Ernstfall nicht vor Verfolgung geschützt sind und nur der von den Zionisten angestrebte jüdische Staat eine letzte Sicherheit geben könne. Spätestens mit der Entstehung Israels, mit der praktischen Ausgestaltung des zuvor theoretisch behandelten, sowie theoretisch negierten Zionismus, spätestens nach Auschwitz, funktioniert die glatte Trennung zwischen Antisemitismus und Antizionismus nicht mehr. Es bleibt generell zu fragen, ob ein Antizionismus nach Ende des Zweiten Weltkrieges, der sich gegen die Existenz Israels richtet, der offensichtlich die Notwendigkeit eines jüdischen Zufluchtsortes in Gestalt eines jüdischen Staates negiert, nicht zwangsläufig in ein antisemitisches Fahrwasser gerät. „Antizionistisches Selbstverständnis schützt vor antisemitischer

Torheit nicht"[317], hat Detlev Claussen einmal gewarnt. Vielmehr sollte es heißen: Antizionistisches Selbstverständnis, das die Entstehung Israels von Auschwitz trennt, scheint geradezu prädestiniert, um antisemitische Torheiten zu produzieren.

In der Retrospektive der gewonnenen Erkenntnisse liest sich die in der Einleitung aufgestellte These, wie eine pointierte Zusammenfassung dieser Arbeit:

Der spezifisch linke Antizionismus nach Auschwitz generiert durch seine ideologische Nähe zu antisemitischen Denkformen antisemitische Inhalte und kann, da er die Staatswerdung Israels als notwendige Konsequenz der Shoah ignoriert, in seiner radikalsten Ausprägung als ein prototypischer Antisemitismus nach Auschwitz gelesen werden.

Was ihn als prototypisch kennzeichnet, ist der Umstand, dass er nicht immer direkt, sondern häufig über Umwege Ressentiments bedient und dabei verdeckt - mittels Codes und Chiffren - agiert. Da offener Antisemitismus nach Auschwitz weitgehend geächtet ist, muss der „typische" Antisemitismus nach Auschwitz daher eine subtilere Gestalt annehmen. „Typisch" ist auch, dass er sich innerhalb des Bezugsfeldes Nahost kontextualisiert, dass er sich sozusagen an Israel abarbeitet. Israel bietet eine „dankbare" Projektionsfläche, auf welche alte Stereotype in einem neuen Kontext projiziert werden.

---

317   Claussen, Im Hause des Henkers, S. 119.

# Literaturverzeichnis

Améry, Jean: Der ehrbare Antisemitismus (1969), in: Steiner, Stephan (Hrsg.): Jean Améry. Werke, Band 7, Stuttgart 2005, S.131-140.

Améry, Jean: Die Linke und der „Zionismus" (1969), in: Steiner, Stephan (Hrsg.): Jean Améry. Werke, Aufsätze zur Politik und Zeitgeschichte, Band 7, Stuttgart 2005, S. 141-151.

Améry, Jean: Der ehrbare Antisemitismus. Rede zur Woche der Brüderlichkeit (1976), in: Steiner, Stephan (Hrsg.): Jean Améry. Werke, Aufsätze zur Politik und Zeitgeschichte, Band 7, Stuttgart 2005, S. 172-199.

Andresen, Knud: Antijüdische Aktionen der Neuen Linken 1969/70 und jüdische Reaktionen. Anmerkungen zu einem belasteten Verhältnis, in: Hering, Rainer/ Nikolaysen, Rainer (Hrsg.): Lebendige Sozialgeschichte, Wiesbaden 2003, S. 464-483.

Archiv des Zentrums für Antisemitismusforschung der Technischen Universität Berlin.

Arendt, Hannah: Elemente und Ursprünge totaler Herrschaft. Band I: Antisemitismus, Frankfurt am Main 1980.

Bein, Alexander: Die Judenfrage. Biographie eines Weltproblems: Zwei Bände, Stuttgart 1980.

Benz, Wolfgang (Hrsg.): Jahrbuch für Antisemitismusforschung, 6, Frankfurt/New York 1997.

Benz, Wolfgang: Antisemitismusforschung als gesellschaftliche Notwendigkeit und akademische Anstrengung, in: Ders. (Hrsg.): Bilder vom Juden. Studien zum alltäglichen Antisemitismus, München 2001, S. 129-142.

Benz, Wolfgang: Was ist Antisemitismus? Begriff und aktuelle Erscheinungsformen aus der Perspektive der internationalen Forschung, in: Antisemitismus. Forschung und aktuelle Entwicklungen. Friedrich-Ebert-Stiftung. Policy. Politische Akademie Nr. 21, Berlin 2007, S. 4-7.

Benz, Wolfgang (Hrsg.): Der Hass gegen die Juden. Dimensionen und Formen des Antisemitismus, Berlin 2008.

Benz, Wolfgang: Handbuch des Antisemitismus. Judenfeindschaft in Geschichte und Gegenwart, München 2008.

Benz, Wolfgang: Die Protokolle der Weisen von Zion. Zur neuen Attraktivität der alten Verschwörungstheorie, in: Ders. (Hrsg.): Der Hass gegen die Juden. Dimensionen und Formen des Antisemitismus, Berlin 2008, S. 49-67.

Berding, Helmut: Antisemitismus in der modernen Gesellschaft: Kontinuität und Diskontinuität, in: Hoensch, Jörg K./ Birman, Stanislav/ Lipták, Lubomir: Judenemanzipation – Antisemitismus – Verfolgung in Deutschland, Österreich-Ungarn, den Böhmischen Ländern und in der Slowakei, Tübingen 1999, S. 85-100.

Berger, Waldenegg, Georg Christoph: Antisemitismus: „Eine gefährliche Vokabel?" Diagnose eines Wortes, Wien/Köln/Weimar 2003.

Bergmann, Werner: Antisemitismus in der politischen Kultur nach 1945, Opladen 1990.

Bergmann, Werner/ Erb, Rainer: Antisemitismus in der Bundesrepublik Deutschland. Ergebnisse der empirischen Forschung von 1946-1989, Opladen 1991.

Bergmann, Werner/ Erb, Rainer: Antisemitismus in Deutschland 1945-1996, in: Benz, Wolfgang/ Bergmann, Werner (Hrsg.): Vorurteil und Völkermord. Entwicklungslinien des Antisemitismus, Bonn 1997, S. 397-437.

Bergmann, Werner; Wetzel, Juliane: Manifestations of Anti-Semitism in the European Union, 2002. Bericht im Auftrag des Europäischen Beobachtungszentrums für Rassismus und Fremdenfeindlichkeit, Wien, März 2003.

Bergmann, Werner: Geschichte des Antisemitismus. 2. überarbeitete Aufl., München 2004.

Bergmann, Werner/ Heitmeyer, Wilhelm: Antisemitismus: Verliert die Vorurteilsrepression ihre Wirkung? In: Heitmeyer, Wilhelm (Hrsg.): Deutsche Zustände. Folge 3, 1. Aufl., Frankfurt am Main 2005, S. 224-238.

Bergmann, Werner: Antisemitismus. Erscheinungen und Motive der Judenfeindschaft, in: Benz, Wolfgang: Der Hass gegen die Juden. Dimensionen und Formen des Antisemitismus, Berlin 2008, S. 9-23.

BILD, 02. 06. 1967, S. 1.

Bischof, Wille: Wir sind die Guten: Antisemitismus in der radikalen Linken, 1. Aufl., Münster 2000.

Blaschke, Olaf: Katholizismus und Antisemitismus im Deutschen Kaiserreich. Göttingen 1997.

Blum, Yehuda Z.: Israel und die Vereinten Nationen. Eine Retrospektive, in: Gremliza, Hermann L. (Hrsg.): Hat Israel noch eine Chance? Palästina in der neuen Weltordnung, Konkret Texte 29, Hamburg 2001, S. 190 – 200.

Bogdal, Klaus-Michael: Literarischer Antisemitismus nach Auschwitz, Stuttgart 2007.

Bohleber, Werner: Antisemitismus als Gegenstand interdisziplinärer Erforschung, in: Bohleber, Werner / Kafka, John (Hrsg.): Antisemitismus, Bielefeld 1992, S. 11-17.

Böhme, Jörn/ Kriener, Tobias/ Sterzing, Christian: Kleine Geschichte des israelisch-palästinensischen Konfliktes, Schwalbach/Ts. 2005.

Brandt, Heinz: Broder kämpft gegen Windmühlenflügel: Die deutsche Linke ist nicht antisemitisch; schlimmer: sie ist philo-kremlistisch, in: Schneider, Karlheinz/ Simon, Nikolaus (Hrsg.): Solidarität und deutsche Geschichte. Die Linke zwischen Antisemitismus und Israelkritik, Berlin 1984, S. 99-117.

Broder, Henryk M.: Linker Antisemitismus? In: Schneider, Karlheinz; Simon, Nikolaus: Solidarität und deutsche Geschichte: Die Linke zwischen Antisemitismus und Israelkritik; Dokumentation einer Arbeitstagung in der Evangelischen Akademie Arnoldshain, August 1984. 2., unveränd. Aufl., Berlin 1987, S. 21-60.

Broder, Henryk M.: Der ewige Antisemit. Über Sinn und Funktion eines beständigen Gefühls, Frankfurt am Main 1986.

Broder, Henryk M.: Unser Kampf. Die Deutschen und der Golfkrieg, in: Renger, Reinhard (Hrsg.): Die deutsche „Linke" und der Staat Israel, 1. Aufl., Leipzig 1994, S. 145-159.

Broder, Henryk M.: Ein moderner Antisemit, in: Naumann, Michael (Hrsg.): „Es muss doch in diesem Lande wieder möglich sein..." Der neue Antisemitismus-Streit, 1. Aufl., München 2002, S. 92-96.

Brumlik, Micha: Antisemitismus im Frühsozialismus und Anarchismus, in: Brumlik, Micha / Kiesel, Doron / Reisch, Linda (Hrsg.): Der Antisemitismus und die Linke, Frankfurt am Main 1991, S. 7-17.

Chesler, Phyllis: Der neue Antisemitismus. Die globale Krise seit dem 11. September, 1. Auflage, Hamburg/Berlin 2004.

Claussen, Detlev: Im Hause des Henkers, in: Wetzel, Dietrich (Hrsg.): Die Verlängerung von Geschichte. Deutsche, Juden und der Palästinakonflikt, Frankfurt am Main 1983, S. 113-125.

Claussen, Detlev: Vom Judenhaß zum Antisemitismus. Materialien einer verleugneten Geschichte, Darmstadt 1987.

Claussen, Detlev: Die antisemitische Erbschaft in der Sowjetgesellschaft, in: Brumlik, Micha / Kiesel, Doron / Reisch, Linda (Hg.): Der Antisemitismus und die Linke, Frankfurt am Main 1991, S. 83-95.

Claussen, Detlev: Ein neuer kategorischer Imperativ – Die Politische Linke und ihr Verhältnis zum Staat Israel, in: Brumlik, Micha: Jüdisches Leben in Deutschland seit 1945.

Claussen, Detlev: Grenzen der Aufklärung. Die gesellschaftliche Genese des modernen Antisemitismus, erw. Neuausg., Frankfurt a. M. 1994.

Comte de Gobineau, François J. A.: Essais sur l'inégalité des races humaines. Tome premier, Paris 1853, S. 392-433.

Delius, Friedrich Christian: Ja zu Israel – Nein zum Krieg. Brief an Yoram Kaniuk, in: Rener, Reinhard (Hrsg.): Die deutsche „Linke" und der Staat Israel, 1. Aufl., Leipzig 1994, S. 127.

Der Spiegel Nr. 39 vom 27.09.1982, S. 139-142.

Dimitroff, Georgi: Die Offensive des Faschismus und die Aufgaben der Kommunistischen Internationale im Kampf für die Einheit der Arbeiterklasse gegen den Faschismus, http://www.mlwerke.de/gd/gd_001.htm, 10.11.2009.

Diner, Dan: Deutschland am Golf – Kollektive Erinnerung und ein aktueller Konflikt, in: Bohleber, Werner/ Kafka, John S. (Hrsg.): Antisemitismus, S. 20-35.

Diner, Dan: Linke und Antisemitismus – Überlegungen zur Geschichte und Aktualität, in: Schneider, Karlheinz/ Simon, Nikolaus (Hrsg.): Solidarität und deutsche Geschichte. Die Linke zwischen Antisemitismus und Israelkritik, Berlin 1984, S. 61-77.

Diner, Dan: Negative Symbiose. Deutsche und Juden nach Auschwitz, in: Ders. (Hrsg.): Ist der Nationalsozialismus Geschichte? Zu Historisierung und Historikerstreit, Frankfurt a. M. 1987, S185-197.

Dobberthien, Ulrike: Israel, die deutsche Linke und der Sechs-Tage-Krieg 1967, Magisterarbeit, Kiel 1991.

Düwell, Kurt: Zur Entstehung der deutschen Antisemitenparteien in Deutschland und Österreich. Christlich-sozial – National – Deutsch-sozialistisch, in: Ginzel, Günther B. (Hrsg.): Antisemitismus. Erscheinungsformen der Judenfeindschaft gestern und heute, Bielefeld 1991, S. 170-180.

Embacher, Helga: Neuer Antisemitismus in Europa – Historisch vergleichende Überlegungen, in: Zuckermann, Moshe (Hrsg.): Tel Aviver Jahrbuch für deutsche Geschichte XXXIII. Antisemitismus, Antizionismus, Israelkritik, 2005, S. 50-69.

Fein, Helen: Dimensions of Antisemitism: Attitudes, Collective Accusations, and Actions, in: Fein, Helen (Hrsg.) The Persisting Question. Sociological Perspektives and Social Contexts of Modern Antisemitism, Berlin/New York 1987, S. 68-85.

Fetscher, Iring/ Rohrmoser, Günter et al.; Bundesministerium des Inneren (Hrsg.): Ideologien und Strategien, Bd. 1: Analysen zum Terrorismus, Opladen 1981.

Feuchtwanger, Lion: Gespräche mit dem ewigen Juden, in: An den Wassern von Babylon. Ein fast heiteres Judenbüchlein, München 1920, S. 53-92.

Fichter, Tilman: Der Staat Israel und die neue Linke in Deutschland. In: Schneider, Karlheinz/ Simon, Nikolaus (Hrsg.): Solidarität und deutsche Geschichte. Die Linke zwischen Antisemitismus und Israelkritik, Dokumentation einer Arbeitstagung in der Evangelischen Akademie Arnoldshain, Schriftenband 9, Berlin 1984, S. 81-98.

Finkielkraut, Alain: Der eingebildete Jude. Frankfurt am Main 1984.

Fischer, Jens M.: Die Wurzeln des Wagnerischen Antisemitismus, in: Ders. (Hrsg.): Richard Wagners ‚Das Judentum in der Musik'. Eine kritische Dokumentation als Beitrag zur Geschichte des Antisemitismus, Frankfurt am Main 2000, S. 18-80.

Fischer, Joschka: Israel – Ein Alptraum der deutschen Linken, in: Pflasterstrand, Sondernummer „Palästina", 9/1982, S.47-50.

Fischer, Joschka: Deutschland, deine Juden. Wider die neue Sprachlosigkeit im deutsch-jüdischen Verhältnis, in: Naumann, Michael (Hrsg.): „Es muss doch in diesem Lande wieder möglich sein..." Der neue Antisemitismus-Streit, 1. Aufl., München 2002, S. 39-47.

Foxman, Abraham H.: Never Again? New York 2003.

Frankfurter Allgemeine Zeitung vom 04.01.1984.

Friedrich, Klaus-Peter: Antijüdische Gewalt nach dem Holocaust. Zu einigen Aspekten des Juden-pogroms von Kielce, in: Jahrbuch für Antisemitismusforschung 6 (1997), S. 115-147.

Frindte, Wolfgang: Inszenierter Antisemitismus. Eine Streitschrift, 1. Aufl., Wiesbaden 2006.

Garaudy, Roger/ Lelong, Michel/ Kathiet, Etienne: Zur Logik des israelischen Angriffskrieges. Die Geschichte der israelischen Expansion, in: Freitag, vom 02.07.1982, S.6.

Gerber, Jan: Austreten, aber schnell! Die Partei »Die Linke« kann kein Partner für eine konsequente Solidarität mit Israel sein, sondern nur Gegenstand der Kritik, in: Jungle World Nr. 2 vom 05.06.2008. http://jungle-world.com/artikel/2008/23/21944.html, 10.11.2009.

Gessler, Phillip: Der neue Antisemitismus. Hinter den Kulissen der Normalität, Freiburg 2004.

Gessler, Philipp: Antisemitismus und Antizionismus in der bundesrepublikanischen Linken bis 1998/90 und ihr Fortleben bis zur Diskussion über den Libanon-Krieg 2006, in: Brosch, Matt-hias u.a.: Exklusive Solidarität: Linker Antisemitismus in Deutschland. Vom Idealismus zur Antiglobalisierungsbewegung, Berlin 2007, S. 347-367.

Ginzel, Günther B.: »Deutschland, Christenvolk, ermanne dich! « Gegen Juden, »Judengenossen« und »jüdischen Geist«. Vom religiösen zum rassischen Judenhass, in: Ders. (Hrsg.): Antisemi-tismus. Erscheinungsformen der Judenfeindschaft gestern und heute, Bielefeld 1991, S. 124-169.

Givet Jacques: La Gauche contre Israël? Essais sur le néo-antisémitisme, Paris 1968.

Glasner, Hans G.: Antisemitismus auch von links? In: Ginzel, Günther B.: Antisemitismus. Erschei-nungsformen der Judenfeindschaft gestern und heute, Bielefeld 1991, S. 249-269.

Greive, Hermann: Geschichte des modernen Antisemitismus in Deutschland, Darmstadt 1988.

Gremliza, Hermann L. (Hrsg.): Hat Israel noch eine Chance? Palästina in der neuen Weltordnung, Konkret Texte 29, Hamburg 2001.

Hanloser, Gerhard: Bundesrepublikanischer Linksradikalismus und Israel - Antifaschismus und Revolutionismus als Tragödie und als Farce, in: Tel Aviver Jahrbuch für deutsche Geschichte XXXIII, Antisemitismus, Antizionismus, Israelkritik, Göttingen 2005, S. 181-213.

Hartewig, Karin: Linker Antizionismus. Popanz des Weltfeindes, in: sueddeutsche.de 07.05.2008, http://www.sueddeutsche.de/politik/745/441486/text/, 10.11.2009.

Haury, Thomas: Zur Logik des bundesdeutschen Antizionismus, in: Poliakov, Léon: Vom Antizio-nismus zum Antisemitismus, Freiburg 1993, S. 125-159.

Haury, Thomas: „Finanzkapital oder Nation". Zur ideologischen Genese des Antizionismus der SED, in: Jahrbuch für Antisemitismusforschung 5, o. O. 1996., S. 148-171.

Haury, Thomas: Antisemitismus von links. Kommunistische Ideologie, Nationalismus und Antizio-nismus in der frühen DDR, Hamburg 2002.

Haury, Thomas: Der neue Antisemitismusstreit der deutschen Linken, in: Rabinovici, Doron/ Speck, Ulrich/ Sznaider, Natan (Hrsg.): Neuer Antisemitismus? Eine globale Debatte, Frankfurt am Main 2004, S. 143-167.

Haury, Thomas: Von der linken Kritik des Zionismus zum Antisemitischen Antizionismus von links, in: Salzborn, Samuel (Hrsg.): Antisemitismus. Geschichte und Gegenwart, Gießen 2004, S. 127-158.

Haury, Thomas: „Das ist Völkermord!" Das „antifaschistische Deutschland" im Kampf gegen den „imperialistischen Brückenkopf Israel" und gegen die deutsche Vergangenheit, in: Brosch, Matthias u.a.: Exklusive Solidarität: Linker Antisemitismus in Deutschland. Vom Idealismus zur Antiglobalisierungsbewegung, Berlin 2007, S. 285-300.

Heenen, Susann: Deutsche, Linke Juden und der Zionismus, in: Wetzel, Dietrich (Hrsg.): Die Ver-längerung von Geschichte. Deutsche, Juden und der Palästinakonflikt, Frankfurt am Main 1983, S. 103-112.

Heil, Johannes: ‚Antijudaismus' und ‚Antisemitismus'. Begriffe als Bedeutungsträger, in: Benz, Wolfgang (Hrsg.): Jahrbuch für Antisemitismusforschung, 6, Frankfurt/New York 1997, S. 92-114.

Heil, Johannes: Religion und Judenfeindschaft. Historische und gegenwärtige Aspekte, in: Benz, Wolfgang: Der Hass gegen die Juden. Dimensionen und Formen des Antisemitismus, Berlin 2008, S. 23-49.

Hein, Jan-Philipp: Linkspartei. Ein Problem namens Israel, in stern.de vom 23.05.2008, http://www.stern.de/politik/deutschland/linkspartei-ein-problem-namens-israel-621412.html, 10.11.2009.

Heinsohn, Gunnar: Was ist Antisemitismus? Der Ursprung von Monotheismus und Judenhass; warum Antizionismus? Frankfurt a. M.: Scarabäus bei Eichborn, 1988.

Heitmeyer, Wilhelm (Hrsg.): Deutsche Zustände, Folge 3, 1. Aufl., Frankfurt am Main 2005.

Hentges, Gudrun: Das Janusgesicht der Aufklärung. Antijudaismus und Antisemitismus in der Philosophie von Kant, Fichte Hegel, in: Salzborn, Samuel (Hrsg.): Antisemitismus. Geschichte und Gegenwart. Schriften zur politischen Bildung, Kultur und Kommunikation, Band 2, 1. Aufl., Giessen 2004, S.11-32.

Herzinger, Richard: Streit um Antisemitismus in der Linkspartei, in: welt online vom 26.02.2009, http://debatte.welt.de/kommentare/114913/streit+um+antisemitismus+in+der+linkspartei, 10.09.2009.

Heyder, Aribert/ Iser, Julia/ Schmidt, Peter: Israelkritik oder Antisemitismus? Meinungsbildung zwischen Öffentlichkeit, Medien und Tabus, in: Heitmeyer, Wilhelm (Hrsg.): Deutsche Zustände. Folge 3, 1. Aufl., Frankfurt am Main 2005, S. 144-165.

Hoffmann, Christhard: Geschichte und Ideologie: Der Berliner Antisemitismusstreit 1879/81, in: Benz, Wolfgang/ Bergmann, Werner: Vorurteil und Völkermord. Entwicklungslinien des Antisemitismus, Bonn 1997, S. 219-252.

Hoffmann, Günther: Sehnsucht nach Normalität. Der neue Diskurs über die Vergangenheit, über Israel und die Juden, in: DIE ZEIT Nr. 10 vom 28.02.1986, http://www.zeit.de/1986/10/Sehnsucht-nach-Normalitaet, 10.11.2009.

Holz, Klaus: Die Gegenwart des Antisemitismus. Islamistische, demokratische und antizionistische Judenfeindschaft, 1. Aufl., Hamburg 2005.

Jaecker, Tobias: Antisemitische Verschwörungstheorien nach dem 11. September. Neue Varianten eines alten Deutungsmusters, 2. Aufl., Münster 2005.

Jäger, Siegfried: Zur diskursiven Dynamik des Redens über Antisemitismus – Überlegungen zu den EUMC-Berichten 2003 und 2004 zum Thema „Antisemitismus", in: Zuckermann, Moshe (Hrsg.): Tel Aviver Jahrbuch für deutsche Geschichte XXXIII. Antisemitismus, Antizionismus, Israelkritik, Göttingen 2005, S.110-139.

Jansen, Frank/ Weinthal, Benjamin: Chef der Berliner Linken entrüstet über Israel-Erklärung der Genossen, in: DER TAGESSPIEGEL vom 14. 12. 2008, http://www.tagesspiegel.de/politik/Linkspartei;art771,2684174, 10.11.2009.

Kailitz, Steffen: Politischer Extremismus in der Bundesrepublik Deutschland, Wiesbaden 2004.

Kailitz, Susanne: Lehren aus der Vergangenheit, in: Das Parlament Nr. 46 vom 10.11.2008, http://www.bundestag.de/dasparlament/2008/46/Innenpolitik/22700353.html, 10.11.2009;

Kaniuk, Yoram: Geteilte Moral. „Anti-Israelismus" in der deutschen Linken, in: Renger, Reinhard (Hrsg.): Die deutsche „Linke" und der Staat Israel, 1. Aufl., Leipzig 1994, S. 115-127.

Keilson, Hans: Linker Antisemitismus?, in: Psyche 42 (1988), H. 9, S. 769-793.

Keßler, Mario: Antisemitismus, Zionismus und Sozialismus. Arbeiterbewegung und jüdische Frage im 20. Jahrhundert, Zweite Auflage, Mainz 1994.

Kilpert, Daniel: Links und judenfeindlich in: Tribüne Heft 169, o. O. 2004, http://www.kilpert.com/texte/links_und_judenfeindlich/links_und_judenfeindlich.html, 10.11.2009.

Klimke, Martin/ Mausbach, Wilfried: Auf der äußeren Linie der Befreiungskriege. Die RAF und der Vietnamkonflikt, in: Kraushaar, Wolfgang (Hrsg.): Die RAF und der linke Terrorismus, Bd. 1, Hamburg 2006. S. 620-643.

Kloke, Martin: Kathartische Zerreißproben. Zur Israel-Diskussion in der Partei „Die Grünen", in: Strauss, Herbert A. u.a. (Hrsg.): Der Antisemitismus der Gegenwart, Frankfurt am Main 1990, S. 124-148.

Kloke, Martin: Zwischen Ressentiment und Heldenmythos. Das Bild der Palästinenser in der deutschen Linkspresse, in: Jahrbuch für Antisemitismusforschung 3 (1994), S. 227-253.

Kloke, Martin: Zwischen Scham und Wahn. Israel und die deutsche Linke 1945-2000, in: Gremliza, Hermann L. (Hrsg.): Hat Israel noch eine Chance? Palästina in der neuen Weltordnung, Konkret Texte 29, Hamburg 2001, S. 207-237.

Kloke, Martin: Antizionismus und Antisemitismus als Weltanschauung? Tendenzen im deutschen Linksradikalismus und –extremismus, in: Bundesministerium des Inneren (Hrsg.): Texte zur inneren Sicherheit. Extremismus in Deutschland. Erscheinungsformen und aktuelle Bestandsaufnahmen, Berlin 2004, S.163-196.

Kloke, Martin: Israel – Alptraum der deutschen Linken? In: Brosch, Matthias u.a. (Hrsg.): Exklusive Solidarität: Linker Antisemitismus in Deutschland. Vom Idealismus zur Antiglobalisierungsbewegung, Berlin 2007, S. 301-325.

Kloke, Martin: Antisemitismus und Antizionismus von links. In: Benz, Wolfgang: Der Hass gegen die Juden. Dimensionen und Formen des Antisemitismus, Berlin 2008, S.159-181.

Kneer, Markus: Rationalistischer Antijudaismus im 19. Jahrhundert. Das antijüdische Vorurteil bei Hegel, Feuerbach, Bauer und Marx, in: Brosch, Matthias u.a. (Hrsg.): Exklusive Solidarität: Linker Antisemitismus in Deutschland. Vom Idealismus zur Antiglobalisierungsbewegung, Berlin 2007, S. 27-49.

Kraushaar, Wolfgang: Die Bombe im jüdischen Gemeindehaus. Hamburg 2005.

Kreis, Georg: Antisemitismus und Israelkritik – Versuch einer Reflexion jenseits von Religion und Nationalität, in: Zuckermann, Moshe (Hrsg.): Tel Aviver Jahrbuch für deutsche Geschichte XXXIII. Antisemitismus, Antizionismus, Israelkritik, Göttingen 2005, S. 17-32.

Kriener, Tobias: Wann wird Israelkritik antisemitisch?, in Zeichen. Zeitschrift der Aktion Sühnezeichen Friedensdienste, Dez 2004, S.10.

Kübler, Elisabeth: Antisemitismusbekämpfung als gesamteuropäische Herausforderung. Eine Vergleichende Analyse der Maßnahmen der OSZE und der EUMC, Diplomarbeit, Wien 2004.

Küntzel, Matthias: Djihad und Judenhass. Über den neuen antijüdischen Krieg, 2. Aufl., Freiburg 2003.

Laqueur, Walter: Gesichter des Antisemitismus. Von den Anfängen bis heute, Berlin 2008.

Lenin, Wladimir Iljitsch: Der Imperialismus als höchstes Stadium des Kapitalismus, in: ders. Ausgewählte Werke, Bd. II, Berlin 1986, S. 643-770.

Leuschen-Seppel, Rosemarie: Sozialdemokratie und Antisemitismus im Kaiserreich. Die Auseinandersetzung der Partei mit den konservativen und völkischen Strömungen des Antisemitismus 1871-1914, Bonn 1978.

Levy, Richard S. (Hrsg.): Antisemitism. A Historical Encyclopedia Of Prejudice And Persecution, Volume I, Santa Barbara, California 2005.

Ludwig, Andrea: Israel-Kritik von links. Über die Auseinandersetzung in der bundesdeutschen Linken seit 1967, Magisterarbeit, Hamburg 1989.

Ludwig, Andrea: Neue oder Deutsche Linke? Nation und Nationalismus im Denken von Linken und Grünen, Opladen 1995.

Markovits, Andrei S.: Antiamerikanismus und Antisemitismus in Europa, in: Rabinovici, Doron/ Speck, Ulrich/ Sznaider, Natan (Hrsg.): Neuer Antisemitismus? Eine globale Debatte, Frankfurt am Main 2004, S. 211-233.

Marx, Karl: Zur Judenfrage, in: Institut für Marxismus-Leninismus beim ZK der SED: Karl Marx, Friedrich Engels, Werke, Band I, Berlin 1957, S. 347-377.

Massing, Paul W: Vorgeschichte des politischen Antisemitismus, Frankfurt am Main. 1986.

Meinhof, Ulrike Marie: Drei Freunde Israels, in: Konkret, Nr. 7, 1967, S. 2.

Mertens, Lothar: Antizionismus. Feindschaft gegen Israel als neue Form des Antisemitismus, in: Benz, Wolfgang (Hrsg.): Antisemitismus in Deutschland. Zur Aktualität eines Vorurteils, München 1995.

Na'aman, Shlomo: Marxismus und Zionismus, Gerlingen 1997.

Neidhardt, Iris; Bischof, Willi (Hrsg.): Wir sind die Guten. Antisemitismus in der radikalen Linken, Münster 2000.

Ober, Josef: „Zyonismus..." Die von Moskau angeordnete antisemitische Kampagne in der DDR in den Jahren 1952/1953 und ihre Umsetzung in der marxistisch-leninistischen „Presse neuen Typus", Politische und psychologische Konflikte in einem diktatorischen Propagandasystem, Dissertation, 1. Aufl., Berlin 2007.

Palästinensische Nationalcharta (Fassung vom 17. Juli 1968) unter http://www.palaestina.org/dokumente/plo/plo.php, 10.11.2009.

Pohrt, Wolfgang: Kreisverkehr, Wendepunkt. Über die Wechseljahre der Nation und die Linke im Widerstreit der Gefühle, Berlin 1984.

Pohrt, Wolfgang: Entlastung für Auschwitz, in: Ders.: Kreisverkehr, Wendepunkt. Über die Wechseljahre der Nation und die Linke im Widerstreit der Gefühle, Berlin 1984, S. 9-15.

Pohrt, Wolfgang: Stammesbewusstsein, Kulturnation. Pamphlete, Glossen, Feuillton, Berlin 1984.

Poliakov, Léon: Geschichte des Antisemitismus. Band V, Die Aufklärung und ihre judenfeindliche Tendenz, Worms 1983.

Rathgeb, Eberhard: Von der Beute zum Bekenntnis: das Palituch, in: Frankfurter Allgemeine Zeitung Nr. 264 vom 11.11.2004, S. 35.

Reiter, Margit: Unter Antisemitismusverdacht. Die österreichische Linke und Israel nach der Shoah, Innsbruck 2001.

Rensmann, Lars: Kritische Theorie über den Antisemitismus. Studien zu Struktur, Erklärungspotential und Aktualität, 1. Aufl., Berlin 1998.

Rensmann, Lars: Demokratie und Judenbild. Antisemitismus in der politischen Kultur der Bundesrepublik Deutschland, 1. Aufl., Wiesbaden 2004.

Rensmann, Lars: Zwischen Kosmopolitanismus und Ressentiment: Zum Problem des sekundären Antisemitismus in der deutschen Linken, in: Brosch, Matthias u.a. (Hrsg.): Exklusive Solidarität: Linker Antisemitismus in Deutschland. Vom Idealismus zur Antiglobalisierungsbewegung, Berlin 2007, S. 165 – 190.

Robers, Norbert: Die Linke und der Antisemitismus. DDR-Staatsdoktrin wirkt bis heute, in: haGalil.com, http://www.hagalil.com/archiv/2009/03/05/antizion/, 10.11.2009.

Röhl, John C. G.: Kaiser Wilhelm II. und der deutsche Antisemitismus, in: Vorurteil und Völkermord. Entwicklungslinien des Antisemitismus, Bonn 1997, S. 252-286.

Rommelspacher, Birgit: Schuldlos – Schuldig? Wie sich junge Frauen mit Antisemitismus auseinandersetzen, Hamburg 1995.

Rürup, Reinhard/ Nipperdey, Thomas: Antisemitismus. Geschichtliche Grundbegriffe, in: Brunner, Otto/ Conze, Werner/ Koselleck, Reinhart (Hrsg.): Historisches Lexikon zur politisch-sozialen Sprache in Deutschland, Band I A-C, Stuttgart 1972, S. 129-153.

Sartre, Jean-Paul: Betrachtungen zur Judenfrage. Psychoanalyse des Antisemitismus, Zürich 1948.

Schneider, Karlheinz: Israel; jüdische und deutsche Identität. Anmerkungen zum Seminar „Solidarität und deutsche Geschichte", in: Schneider, Karlheinz/ Simon, Nikolaus (Hrsg.): Solidarität und deutsche Geschichte. Die Linke zwischen Antisemitismus und Israelkritik, Berlin 1984, S. 121-141.

Schölch, Alexander: Das Dritte Reich, die zionistische Bewegung und der Palästinakonflikt, in: Wetzel, Dietrich (Hrsg.): Die Verlängerung von Geschichte. Deutsche, Juden und der Palästinakonflikt, Frankfurt am Main 1983, S. 65-93.

Schwaabe, Christian: Antiamerikanismus in der deutschen Linken, in: Brosch, Matthias/ Elm, Michael/ Geißler, Norman/ Simbürger, Britta Elisa/ von Wrochem, Oliver (Hrsg.): Exklusive Solidarität. Linker Antisemitismus in Deutschland. Berlin 2007, S. 225-237.

Schwarze Ratten TW: Shalom + Napalm, in: Agit 883, I. Jg., Nr. 40, 13.11.1969, S.9.

Silberner, Edmund: Sozialisten zur Judenfrage. Ein Beitrag zur Geschichte des Sozialismus vom Anfang des 19. Jahrhunderts bis 1914, Berlin 1962.

Silberner, Edmund: Kommunisten zur Judenfrage. Zur Geschichte von Theorie und Praxis des Kommunismus, Opladen 1983.

Simon, Nikolaus: Deutsche Geschichte und Solidarität. Die Israel-Palästinadiskussion in der deutschen Linken und der neuen Friedensbewegung, in: Deutsche, Linke, Juden. Ästhetik und Kommunikation, Heft 51 1983, S. 101-110.

Simon, Nikolaus: Die Westbank Zuhause, in: Schneider, Karlheinz/ Simon, Nikolaus (Hrsg.): Solidarität und deutsche Geschichte. Die Linke zwischen Antisemitismus und Israelkritik, Berlin 1984, S. 5-17.

Sottopietra, Doris: Variationen eines Vorurteils. Eine Entwicklungsgeschichte des Antisemitismus in Österreich, Wien 1997.

Staud, Toralf: Blondes Ächzen, in: Die ZEIT Nr. 44 vom 23. 10. 2003, http://www.zeit.de/2003/44/attac, 10.11.2009.

Staud, Toralf: Attac reagiert hilflos auf den Antisemitismus von links, in: ZEIT.de vom 27. 10. 2003. http://www.zeit.de/politik/attac, 10.11.2009.

Steinberg, Gerald in einem Interview über das antiisraelische Engagement von Amnesty und Co., in: konkret 09/2009, S. 3.

Steininger, Rolf: Der Nahostkonflikt. Frankfurt am Main 2003.

Strauss, Herbert Arthur: Bibliographie zum Antisemitismus : die Bestände der Bibliothek des Zentrums für Antisemitismusforschung der Technischen Universität Berlin, München 1989-1993.

Stern, Frank: Philosemitismus statt Antisemitismus. Entstehung und Funktion einer neuen Ideologie in Westdeutschland, in: Benz, Wolfgang (Hrsg.): Zwischen Antisemitismus und Philosemitismus. Juden in der Bundesrepublik, Band 1, Berlin 1991, S. 47-63.

Strobl, Ingrid u.a.: Ehrbarer Antisemitismus? In: Schneider, Wolfgang/ Gröhndahl, Boris (Hrsg.): Was tun? Über Bedingungen und Möglichkeiten linker Politik und Gesellschaftskritik. Der Konkret Kongress, Hamburg 1994, S. 377-409.

Traverso, Enzo: Nach Auschwitz . Die Linke und die Aufarbeitung des NS-Völkermords, Dt. Erstausg., Köln 2000.

Ullrich, Peter: Die Linke, Israel und Palästina. Nahostdiskurse in Großbritannien und Deutschland, Berlin 2008.

Volkov, Shulamit: Antisemitismus und Antizionismus: Unterschiede und Paralellen, in: Dies.: Antisemitismus als kultureller Code. München 2000, S. 76-87.

Vowinckel, Annette: Der kurze Weg nach Entebbe oder die Verlängerung der deutschen Geschichte in den Nahen Osten, in: Zeithistorische Forschungen/ Studies in Contemporary History 1, H. 2, o. O. 2004, S. 236-254.

Walzer, Michael: Über linke Israel-Kritik. Ein Gespräch, in: Rabinovici, Doron/ Speck, Ulrich/ Sznaider, Natan (Hrsg.): Neuer Antisemitismus? Eine globale Debatte, Frankfurt am Main 2004, S. 52-60.

Weiß, Volker: „Volksklassenkampf" - Die antizionistische Rezeption des Nahostkonfliktes in der militanten Linken der BRD, in: Zuckermann, Moshe (Hrsg.): Tel Aviver Jahrbuch für deutsche Geschichte XXXIII. Antisemitismus, Antizionismus, Israelkritik, Göttingen 2005, S. 214-238.

Wetzel, Dietrich: Die Verlängerung von Geschichte, in: Ders. (Hrsg.): Die Verlängerung von Geschichte. Deutsche, Juden und der Palästinakonflikt, Frankfurt am Main 1983, S. 7-15.

Wetzel, Juliane: Antisemitismus in Europa, in: in: Brosch, Matthias/ Elm, Michael/ Geißler, Norman/ Simbürger, Britta Elisa/ von Wrochem, Oliver (Hrsg.): Exklusive Solidarität. Linker Antisemitismus in Deutschland. Berlin 2007, S. 377-387.

Wetzel, Juliane: Aktueller Antisemitismus im europäischen Vergleich. In: Benz, Wolfgang: Der Hass gegen die Juden. Dimensionen und Formen des Antisemitismus, Berlin 2008, S.103-119.

Widmann, Peter: Israelkritik und Antisemitismus. In: Benz, Wolfgang: Der Hass gegen die Juden. Dimensionen und Formen des Antisemitismus, Berlin 2008.

Wirth, Wolfgang: Judenfeindschaft von der frühen Kirche bis zu den Kreuzzügen. »... von jener schimpflichen Gemeinschaft uns trennen«, in: Ginzel, Günther B. (Hrsg.): Antisemitismus. Erscheinungsformen der Judenfeindschaft gestern und heute, Bielefeld 1991, S. 53-70.

www.ngo-monitor.org/index.php, 10.11.2009.

Zuckermann, Moshe: Mohammed als Vorbote der NS-Judenpolitik? – Zur wechselseitigen Instrumentalisierung von Antisemitismus und Antizionismus, in: Zuckermann, Moshe (Hrsg.): Tel Aviver Jahrbuch für deutsche Geschichte XXXIII. Antisemitismus, Antizionismus, Israelkritik, Göttingen 2005, S. 290-305.

Zuckermann, Moshe (Hrsg.): Antisemitismus - Antizionismus – Israelkritik. Tel Aviver Jahrbuch für deutsche Geschichte, Göttingen 2005.

Zwerenz, Gerhard: Linker Antisemitismus ist unmöglich, in DIE ZEIT Nr. 16 vom 09.04.1976, http://www.zeit.de/1976/16/Linker-Antisemitismus-ist-unmoeglich, 10.11.2009.

# VS Forschung | VS Research
## Neu im Programm Politik

Cornelia Altenburg

**Kernenergie und Politikberatung**

Die Vermessung einer Kontroverse

2010. 315 S. Br. EUR 39,95

ISBN 978-3-531-17020-6

Markus Gloe / Volker Reinhardt (Hrsg.)

**Politikwissenschaft
und Politische Bildung**

Nationale und internationale Perspektiven

2010. 269 S. Br. EUR 39,95

ISBN 978-3-531-17361-0

Farid Hafez

**Islamophober Populismus**

Moschee- und Minarettbauverbote
österreichischer Parlamentsparteien

2010. Mit einem Geleitwort von Prof.
Dr. Anton Pelinka. 212 S. Br. EUR 34,95

ISBN 978-3-531-17152-4

Annabelle Houdret

**Wasserkonflikte
sind Machtkonflikte**

Ursachen und Lösungsansätze
in Marokko

2010. 301 S. Br. EUR 34,95

ISBN 978-3-531-16982-8

Jens Maßlo

**Jugendliche in der Politik**

Chancen und Probleme einer
institutionalisierten Jugendbeteiligung

2010. 477 S. Br. EUR 49,95

ISBN 978-3-531-17398-6

Torsten Noe

**Dezentrale Arbeitsmarktpolitik**

Die Implementierung der Zusammen-
legung von Arbeitslosen- und Sozialhilfe

2010. 274 S. Br. EUR 39,95

ISBN 978-3-531-17588-1

Stefan Parhofer

**Die funktional-orientierte
Demokratie**

Ein politisches Gedankenmodell
zur Zukunft der Demokratie

2010. 271 S. Br. EUR 29,95

ISBN 978-3-531-17521-8

Alexander Wolf

**Die U.S.-amerikanische
Somaliaintervention 1992-1994**

2010. 133 S. Br. EUR 29,95

ISBN 978-3-531-17298-9

Erhältlich im Buchhandel oder beim Verlag.
Änderungen vorbehalten. Stand: Juli 2010.

**www.vs-verlag.de**

**VS VERLAG**

Abraham-Lincoln-Straße 46
65189 Wiesbaden
Tel. 0611.7878-722
Fax 0611.7878-400

MIX
Papier aus verantwortungsvollen Quellen
Paper from responsible sources
FSC® C105338

If you have any concerns about our products,
you can contact us on
**ProductSafety@springernature.com**

In case Publisher is established outside the EU,
the EU authorized representative is:
**Springer Nature Customer Service Center GmbH
Europaplatz 3, 69115 Heidelberg, Germany**

Printed by Libri Plureos GmbH
in Hamburg, Germany